www.casterman.com

ISBN 978-2-203-00213-5

Imprimé en Italie
Dépôt légal : février 2007, D. 2007/0053/120
Déposé au ministère de la Justice (loi n° 49.956 du 16 juillet 1949 sur les publications destinées à la jeunesse).

PLIAGES DÉCOUPAGES

SOPHIE ASTRUC

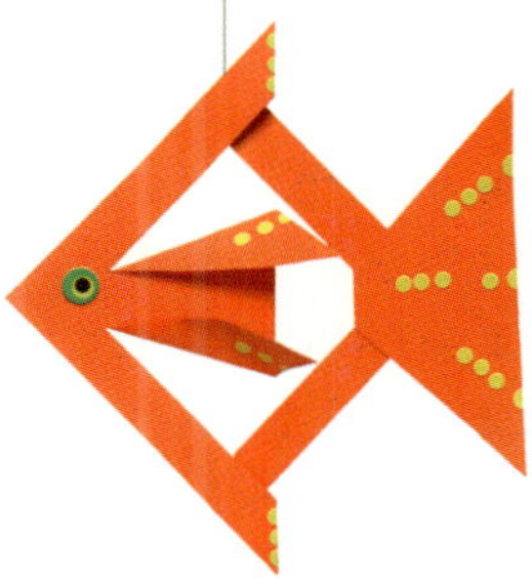

casterman

À VOS PAPIERS !

LES JEUX

LES DÉCORS DE SALLE

LES DÉCORS DE TABLE

LES CARTES

LES PLIAGES THÉMATIQUES

Le chiot

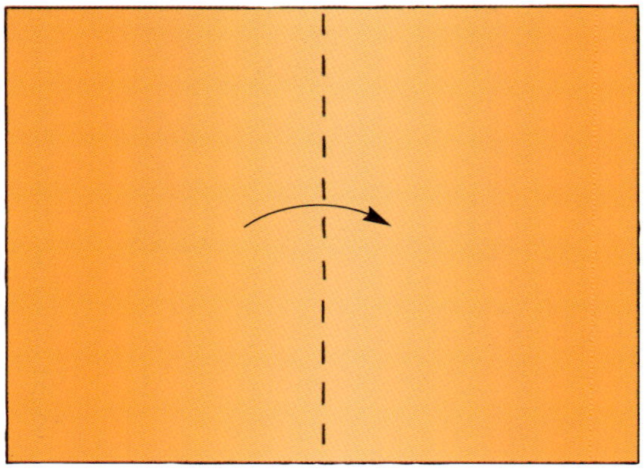

1 Pliez en deux.

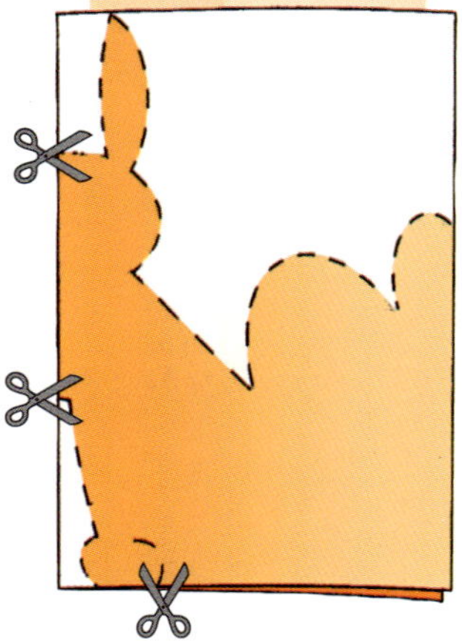

2 Tracez les traits de coupe (patron p. 114), découpez et entaillez sur ces traits.

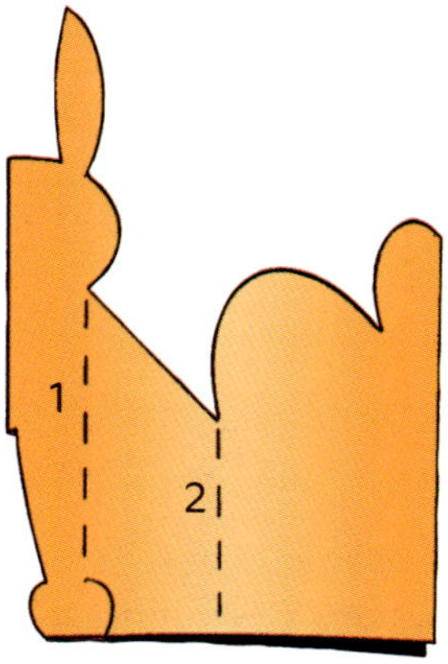

3 Marquez les plis 1 et 2 et dépliez.

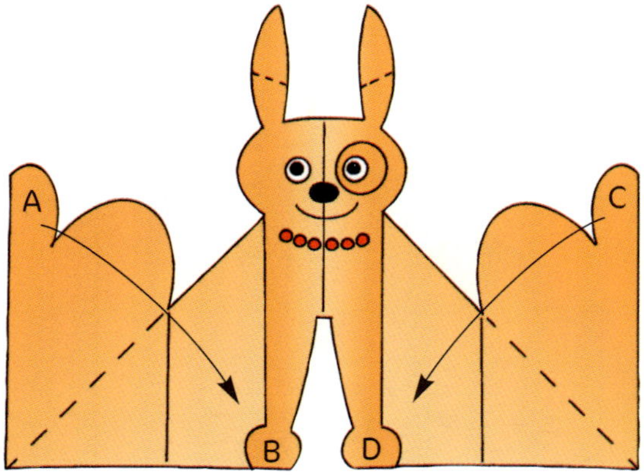

4 Dessinez la bouche, collez les gommettes. Abaissez les oreilles puis rabattez A sur B et C sur D.

Il vous faut :

une feuille orange de 21 x 29,7 cm • un crayon • des ciseaux • des gommettes rondes : deux moyennes blanches, deux petites noires (pour les yeux), cinq triangles rouges (pour le collier), une gommette ovale noire (pour le nez)

5 Marquez les plis 3 et 4, à 4,5 cm des pointes. Entaillez symétriquement : ATTENTION au sens !

6 Pliez les plis 2 vers l'arrière et emboîtez les entailles.

Le trapéziste

VOUS POUVEZ DÉCORER LE TAPIS DU TRAPÉZISTE AVEC DES GOMMETTES !

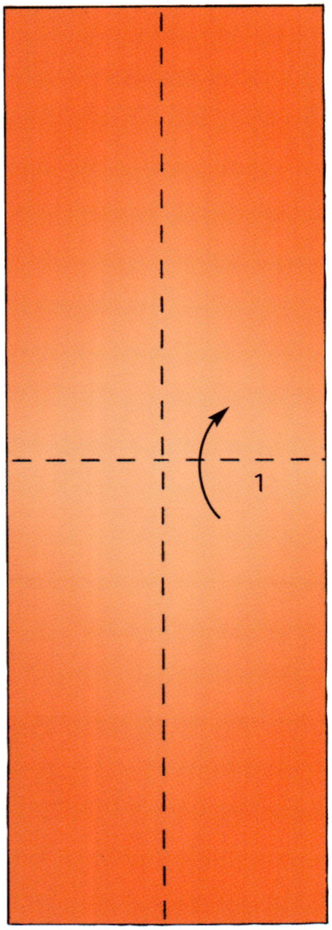

1. Pliez en quatre en commençant par le pli 1.

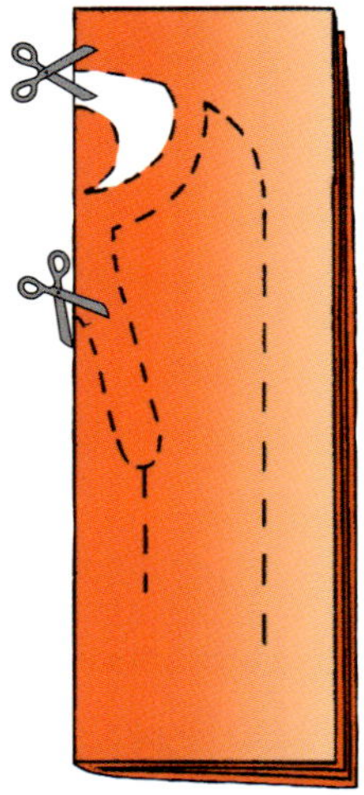

2. Tracez les traits de coupe (patron p. 116). ATTENTION : le personnage est du côté du pli. Entaillez, découpez puis dépliez une fois.

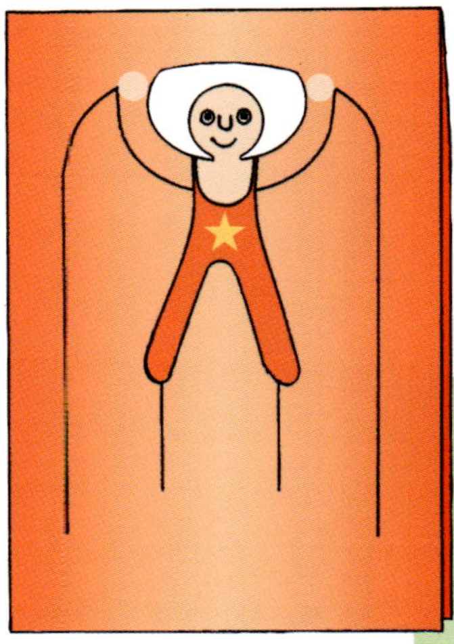

3. Dessinez le visage. Collez la gommette. Ouvrez le pliage et posez-le.

IL VOUS FAUT :

une feuille de 10,5 x 29,7 cm • un crayon • un feutre noir • des ciseaux • une gommette étoile

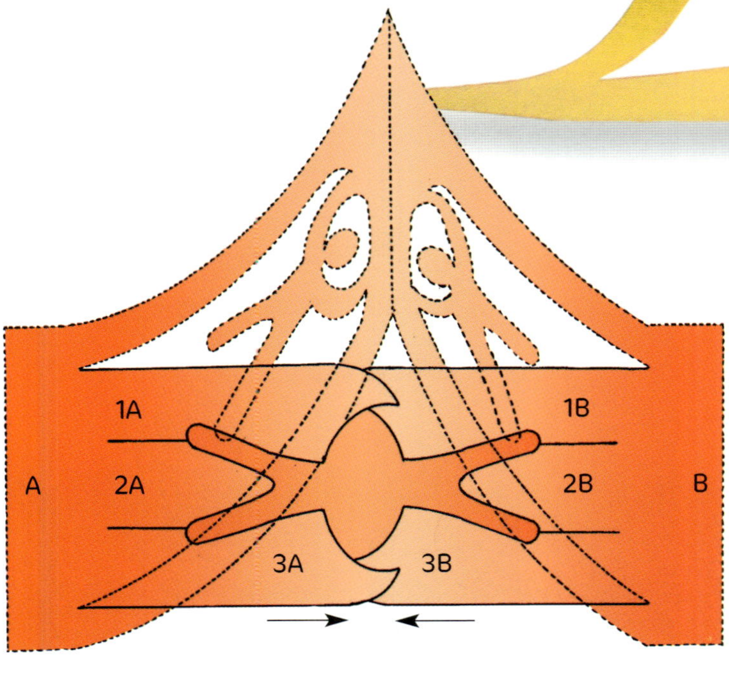

4 Faites glisser A vers B.
Superposez 1A et 3A sur 1B et 3B, et 2A sous 2B.

La lanterne

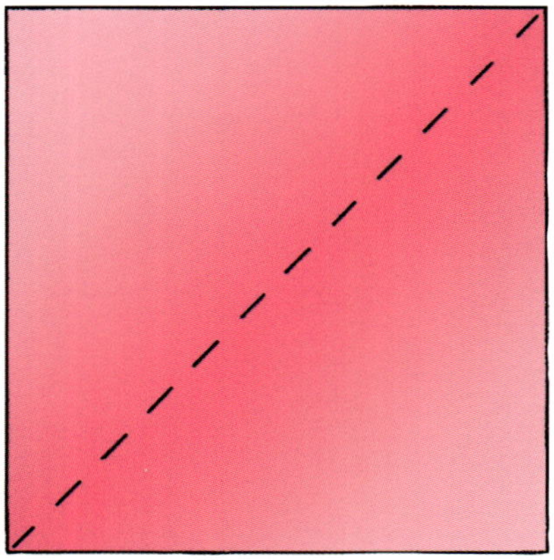

1 Marquez la diagonale.

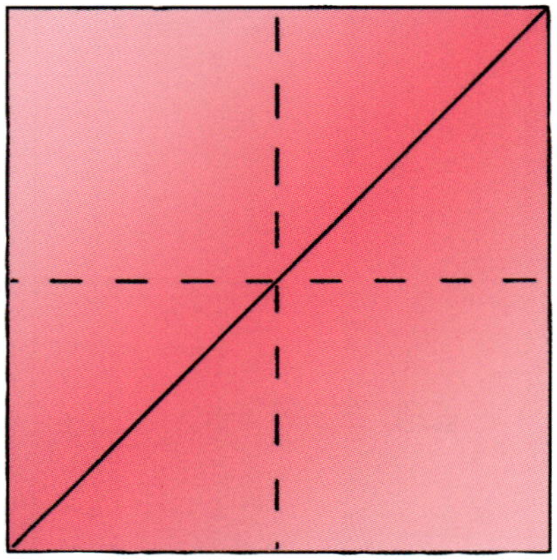

2 Pliez en quatre.

3 Marquez la diagonale sur une épaisseur.

4 Découpez sur la diagonale jusqu'à la croisée des plis. Dépliez le tout.

IL VOUS FAUT :

une feuille carrée de 8 x 8 cm (papier bicolore recto verso) • des ciseaux

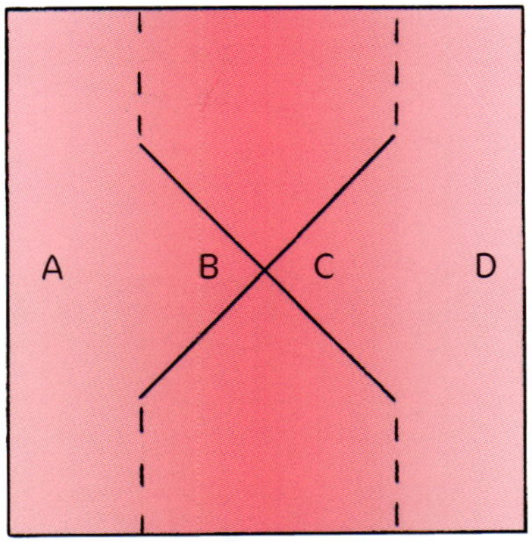

5 Basculez les pointes B et C vers l'extérieur, A et D sont maintenant au centre.

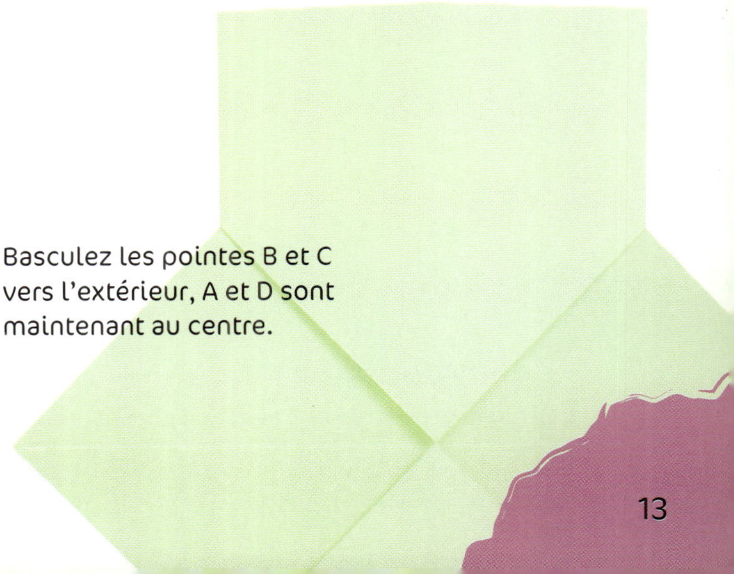

La croix

CETTE CROIX EST MODULABLE: EN EMBOÎTANT PLUSIEURS CROIX, VOUS POUVEZ CRÉER UNE INFINITÉ D'OBJETS EN DEUX OU TROIS DIMENSIONS (CADRES, COURONNES, GUIRLANDES, CUBES...)

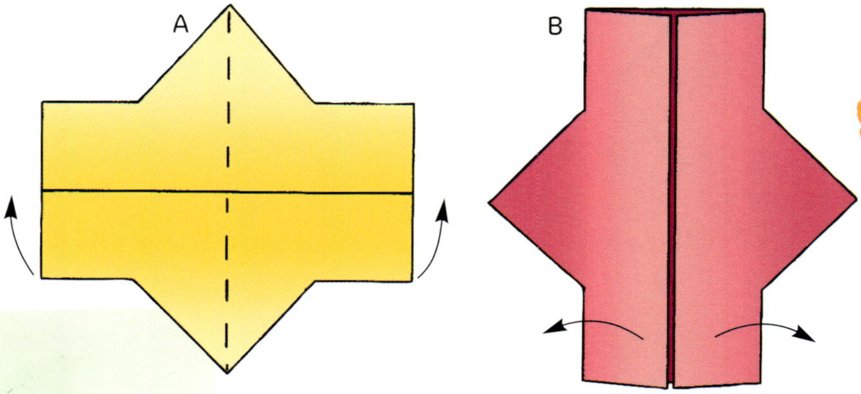

1 Pliez A en deux vers l'arrière.
Ouvrez les volets de la lanterne B.

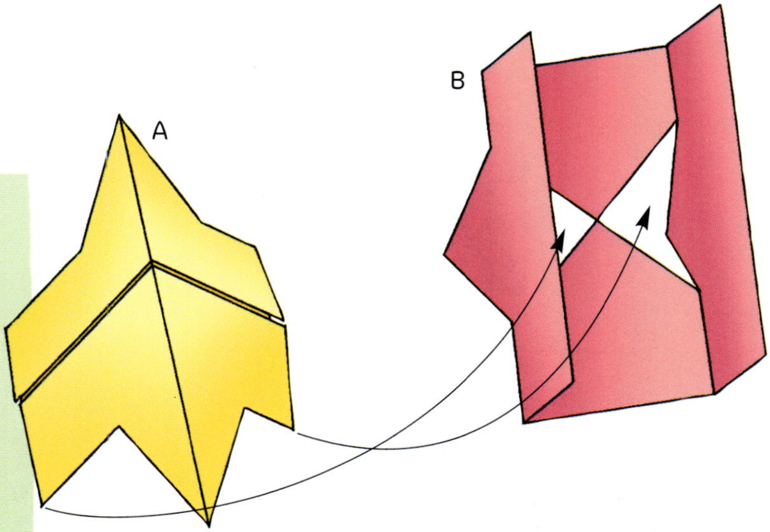

2 Glissez les bords de A dans les ajours de la lanterne B.

IL VOUS FAUT:

Deux lanternes: deux feuilles carrées de 8 x 8 cm • des ciseaux

3 Aplatissez le tout.

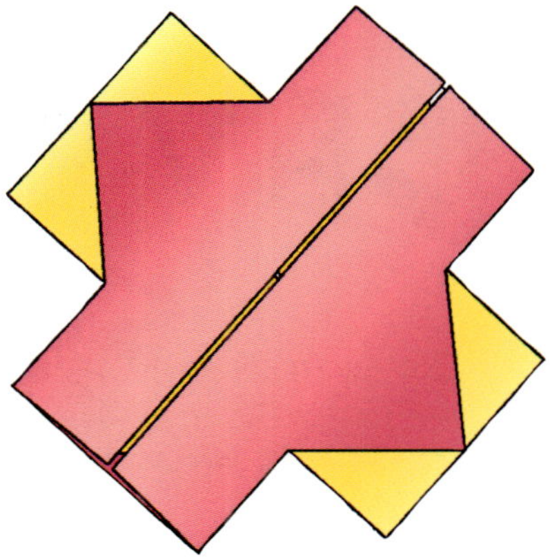

4 Les volets de B se referment.
Les bords de A sortent à droite et à gauche.
Retournez.

Le visage souriant

Vous pouvez jouer à faire une série de portraits.

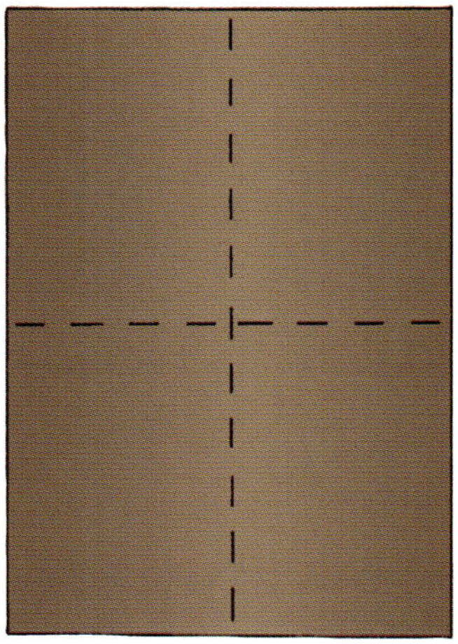

1 Pliez en quatre.

2 Tracez le trait de coupe (patron p. 117), entaillez puis dépliez tout.

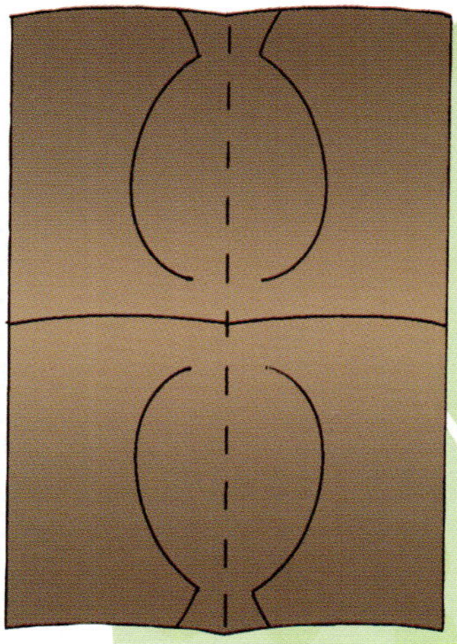

3 Pliez en deux.

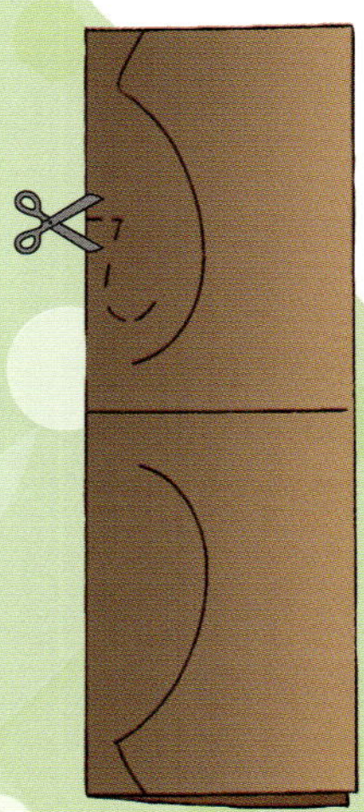

4 Tracez le trait de coupe, découpez, entaillez puis dépliez tout.

Il vous faut :

une feuille de 21 x 15 cm • un crayon • des ciseaux • deux œillets blancs et deux petites gommettes rondes noires (pour les yeux) • des gommettes rondes : deux moyennes roses (pour les joues), cinq petites jaunes (pour le collier), une trentaine de petites noires (pour les cheveux), six petites de couleurs vives (pour les perles), une lune rouge (pour la bouche)

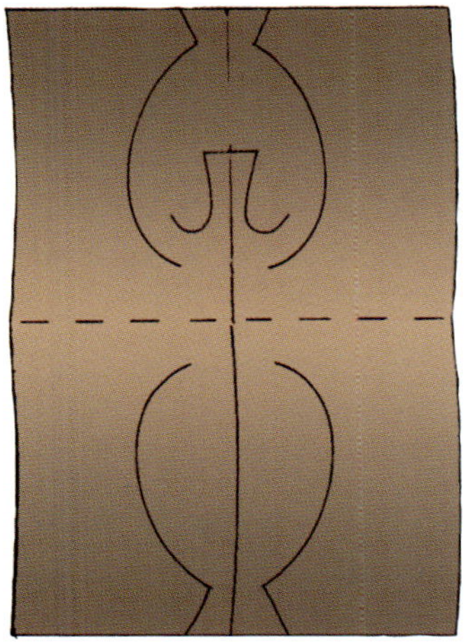

5 Pliez en deux.

6 Collez les gommettes. Retournez.

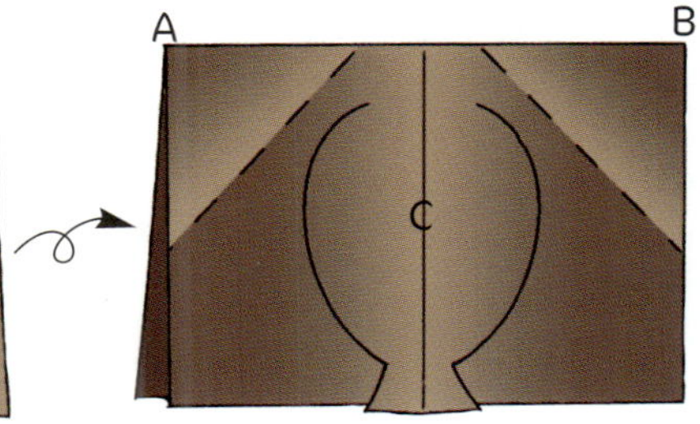

7 Repliez les angles A et B, et glissez-les sous C.

LA PYRAMIDE HUMAINE

1 Pliez en quatre sur les diagonales.

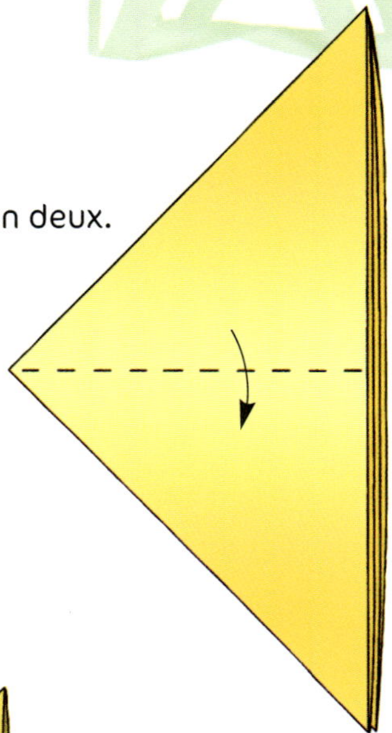

2 Pliez en deux.

3 Tracez les traits de coupe sur le côté le plus long (patron p. 118). Découpez, dépliez une fois.

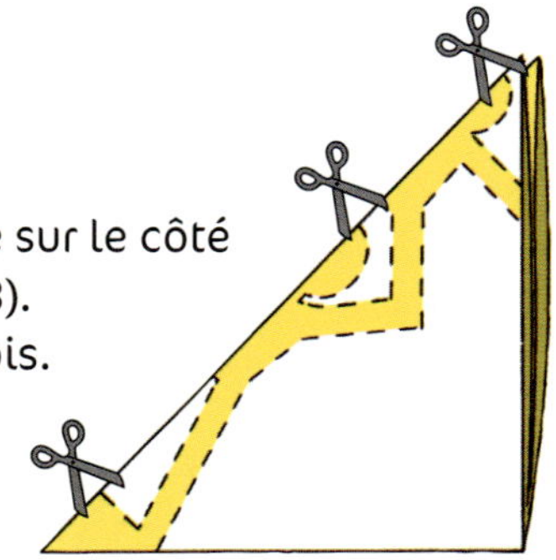

IL VOUS FAUT :

une feuille carrée de 21 x 21 cm • des ciseaux • un crayon • un feutre noir • des gommettes étoiles

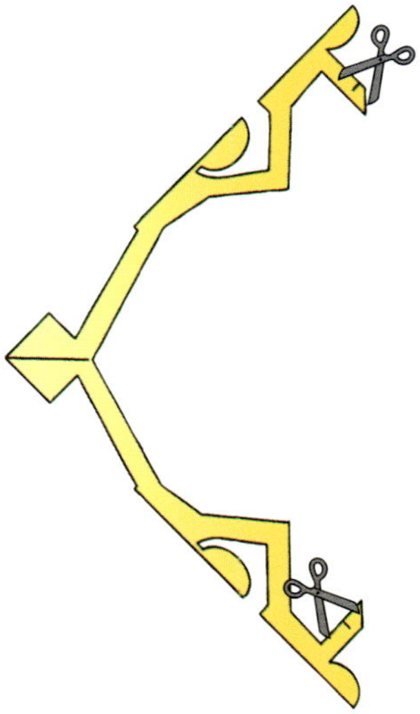

4 Entaillez : attention au sens des entailles ! Dépliez le tout, aplatissez. Dessinez les visages des acrobates. Retournez.

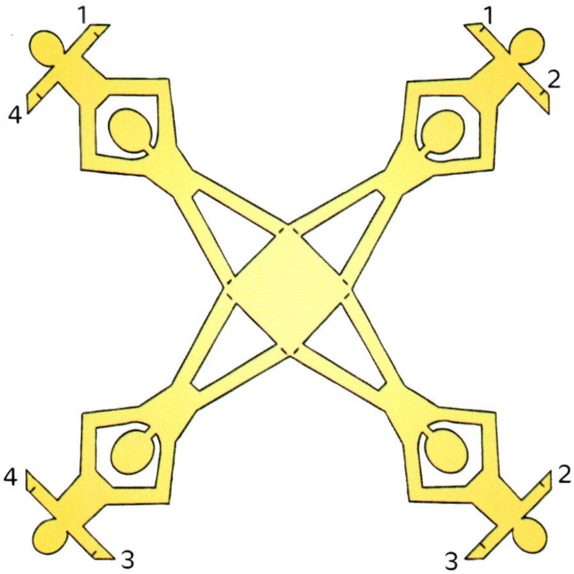

5 Marquez les plis sur le carré central. Redressez les personnages, emboîtez les entailles par paires.

La Tour

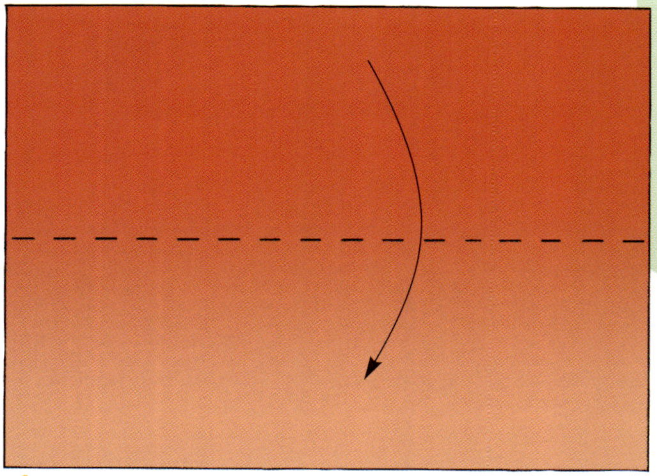

1 Pliez en deux vers le bas.

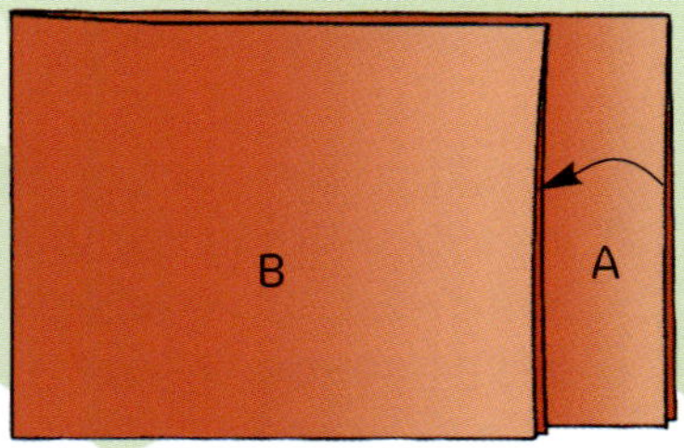

3 Glissez A dans B.

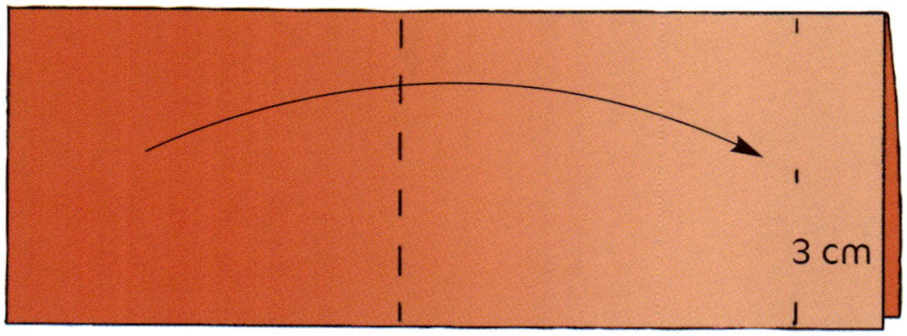

2 Pliez jusqu'à 3 cm du bord.

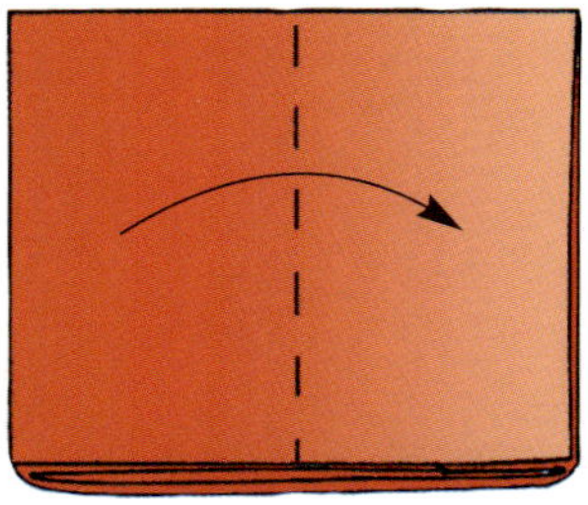

4 Pliez en deux.

IL VOUS FAUT :
une feuille de 21 x 29,7 cm • des ciseaux • quatre gommettes carrées • une règle

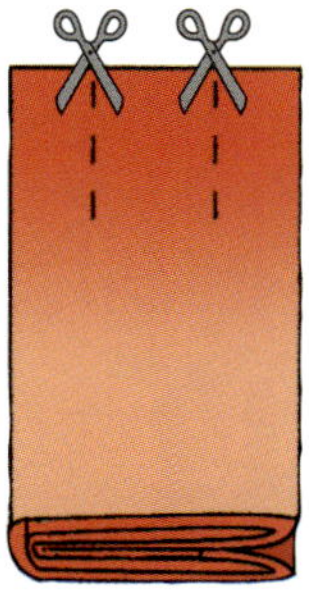

5 Entaillez sur les traits, dépliez une fois.

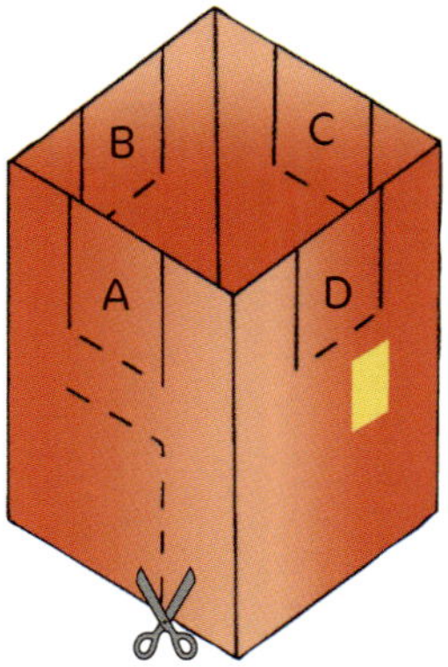

7 Entaillez une porte, et repliez A, B, C et D à l'intérieur de la tour. Collez les gommettes pour faire la fenêtre.

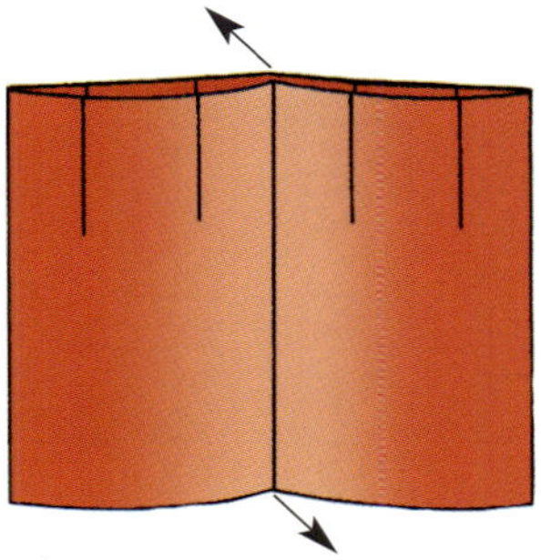

6 Écartez les murs sur les plis.

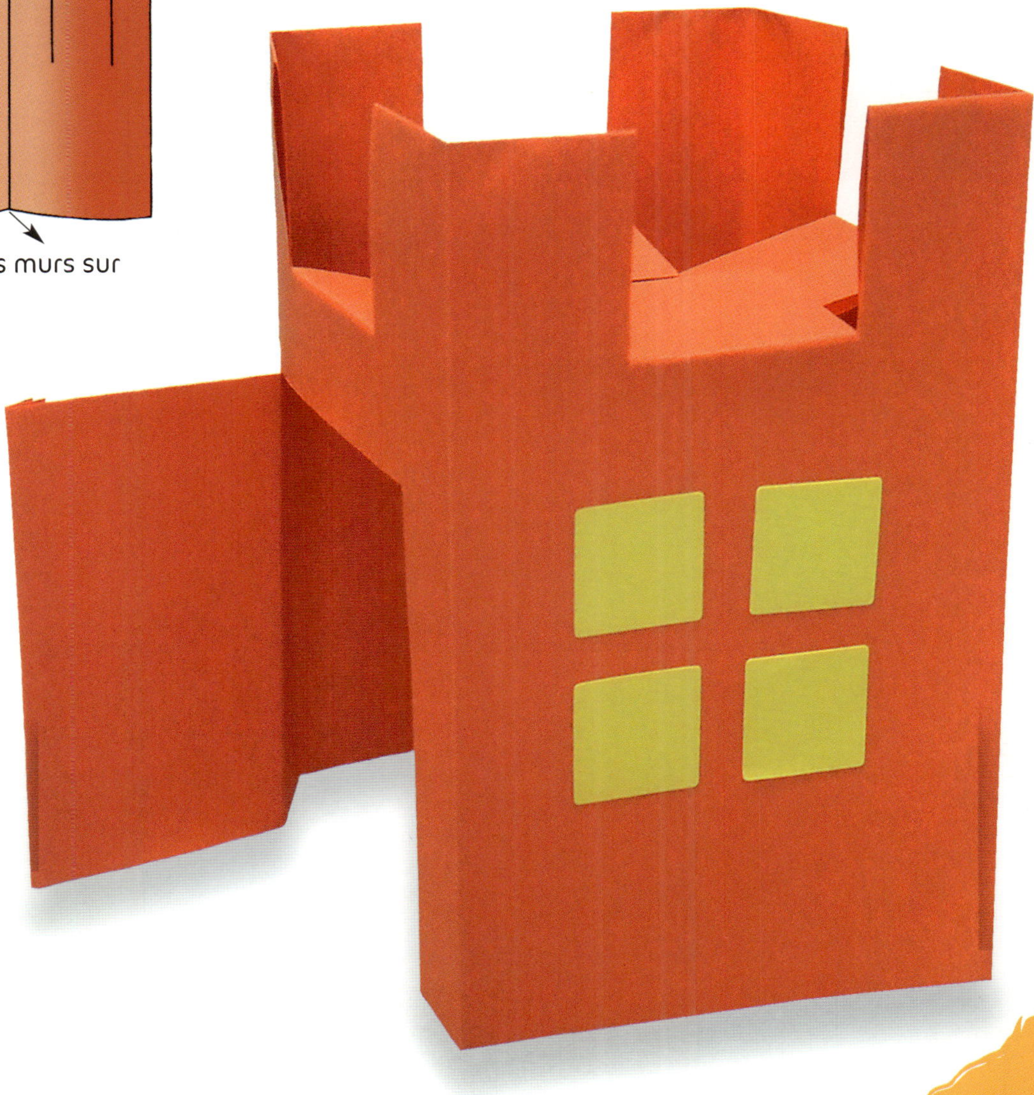

Les enfants jouent

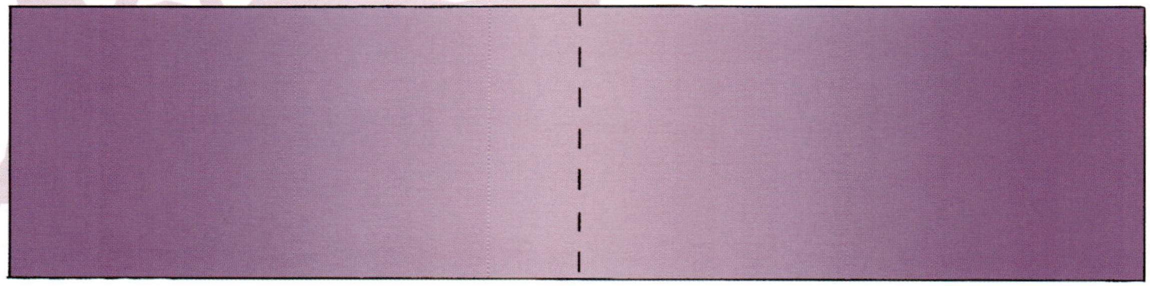

1 Pliez en deux.

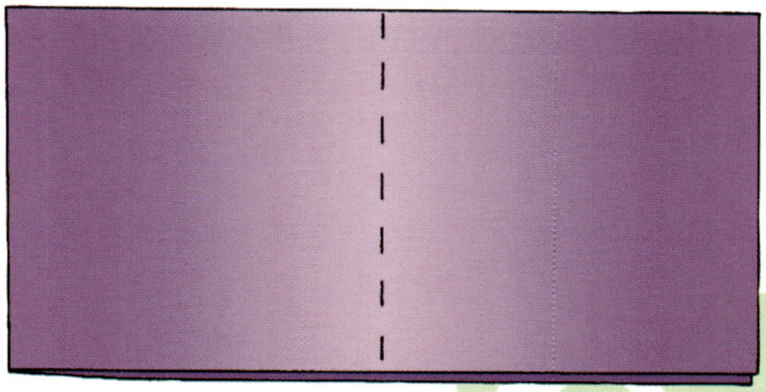

2 Repliez en deux.

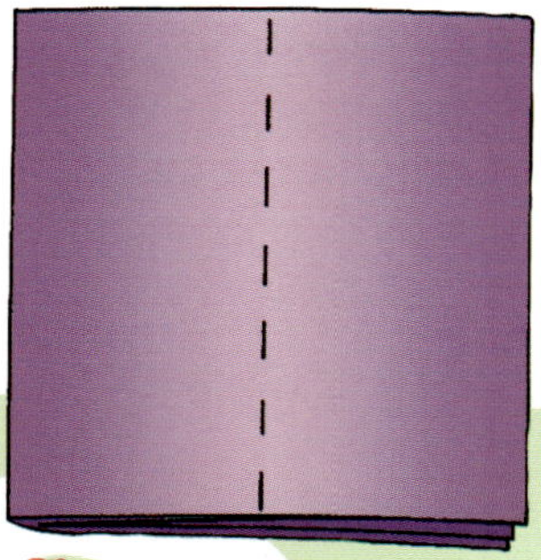

3 Repliez en deux.

IL VOUS FAUT :
une feuille de 29,7 x 7 cm • des ciseaux, • un crayon, • un feutre noir

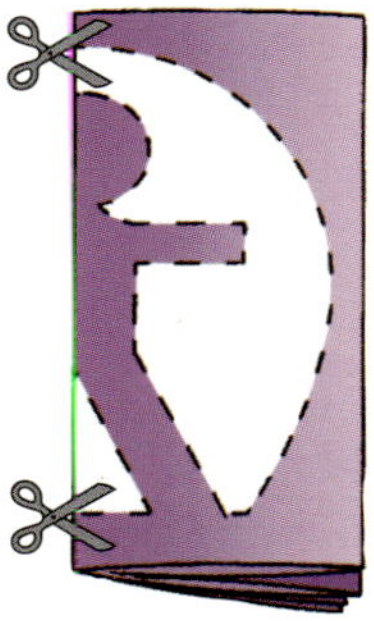

4 Tracez les traits de coupe
Dépliez le tout.
Dessinez des visages.

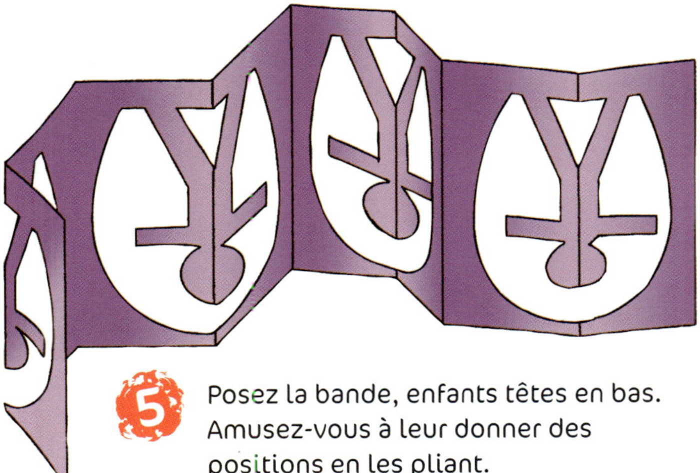

5 Posez la bande, enfants têtes en bas.
Amusez-vous à leur donner des positions en les pliant.

La raie à bascule

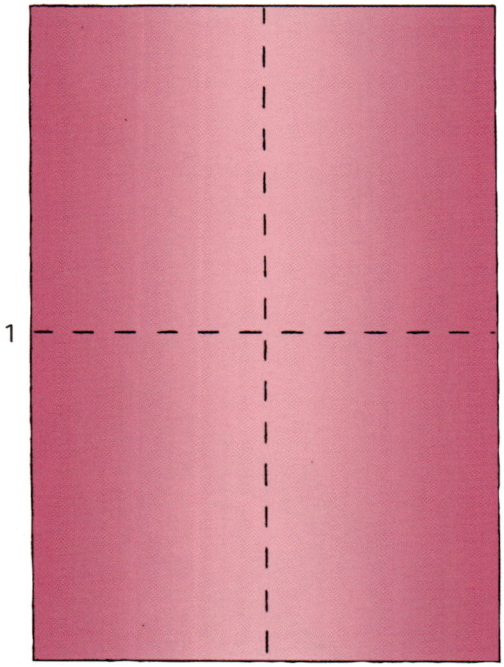

1 Pliez en quatre en commençant par le pli 1.

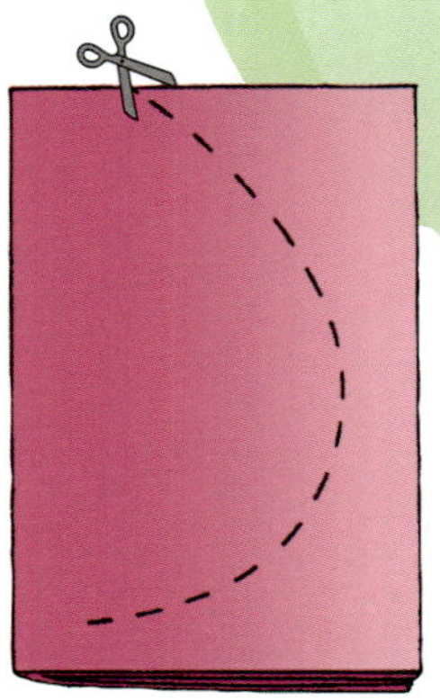

2 Regardez bien la position du pliage.
Tracez le trait de coupe, entaillez.

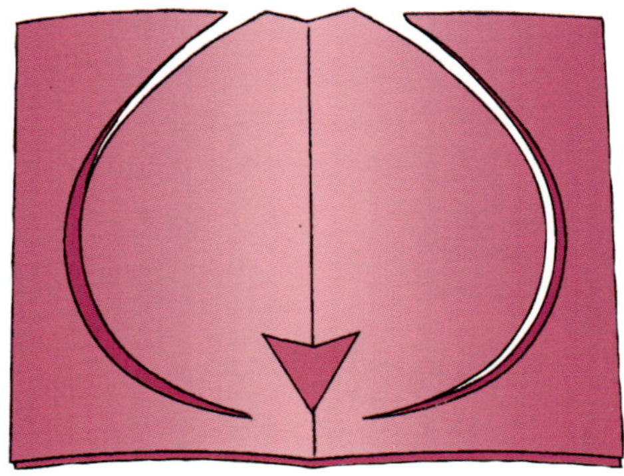

3 Dépliez une fois. Collez la gommette triangle pour la bouche. Retournez.

Il vous faut :

une feuille de 21 x 15 cm • des ciseaux • un crayon • deux petites gommettes rondes • deux œillets • une gommette triangle

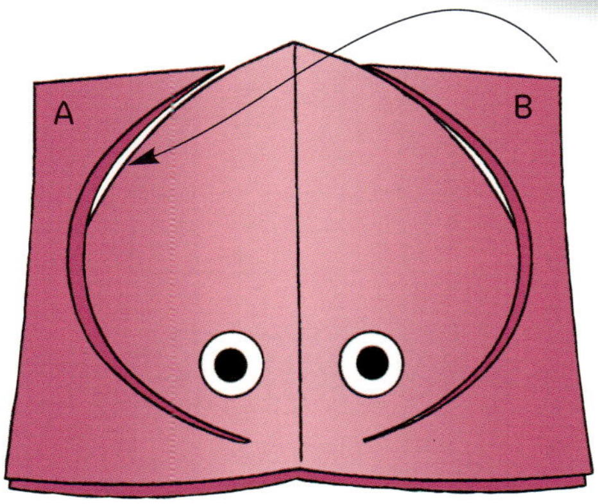

4 Collez les yeux : les grands ronds, puis les œillets. Glissez B à l'intérieur de A en joignant les coins.

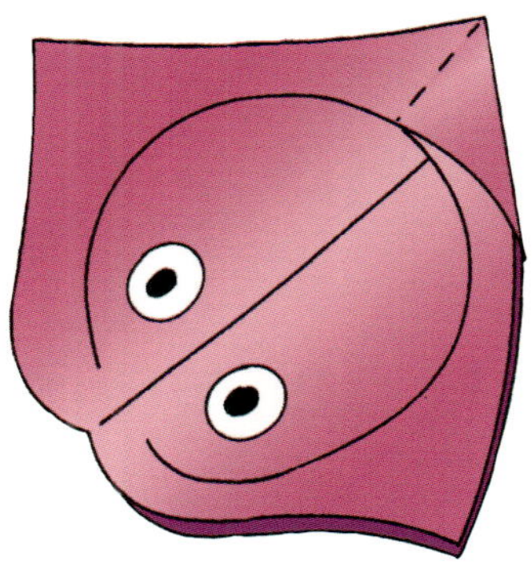

5 Marquez le pli vers vous en pinçant la pointe.

Le roule-au-vent

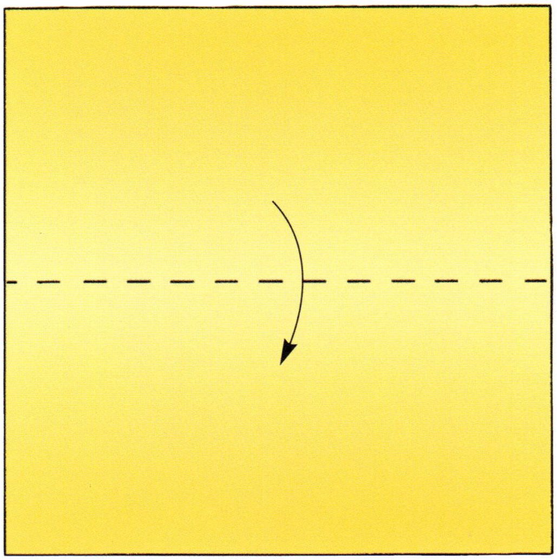

1 Pliez en deux.

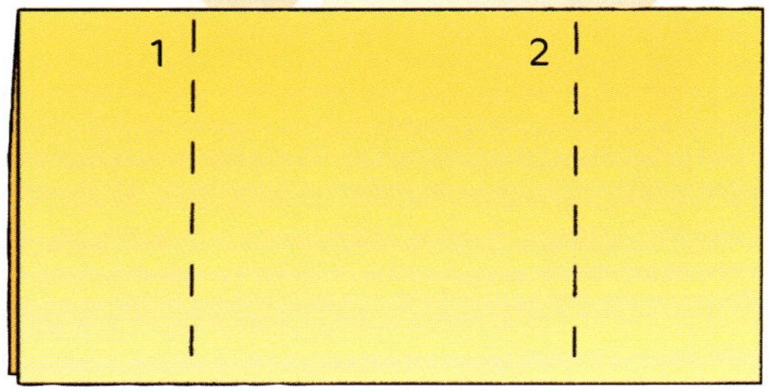

2 Marquez les plis 1 et 2 à 5 cm des bords.

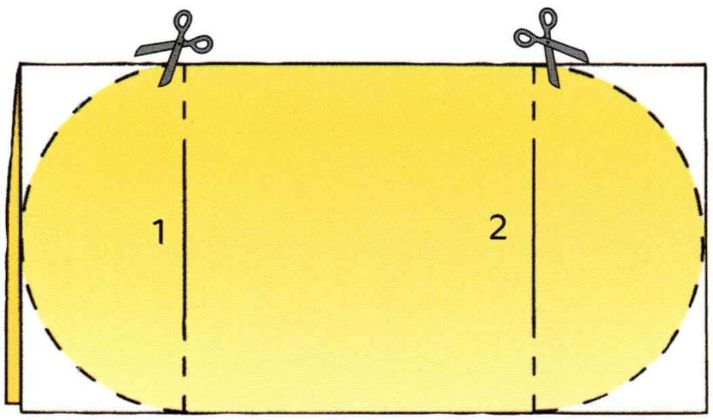

3 Tracez les demi-cercles, découpez sur les traits, entaillez les extrémités des plis 1 et 2 sur 2 cm.

IL VOUS FAUT :

une feuille carrée de 21 x 21 cm • des ciseaux • une règle • un crayon • des gommettes

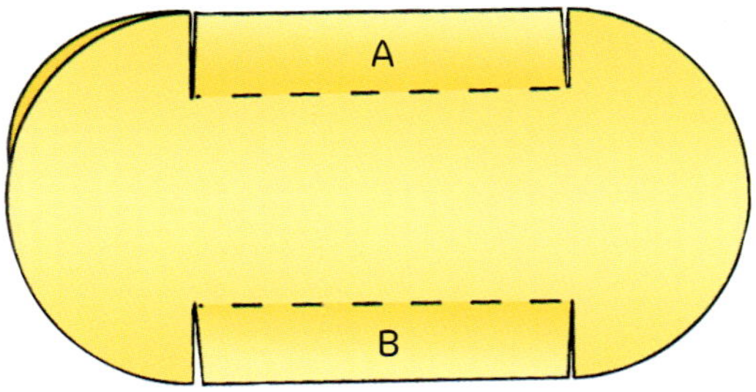

4 Rabattez A et pliez B vers l'arrière en suivant les pointillés.

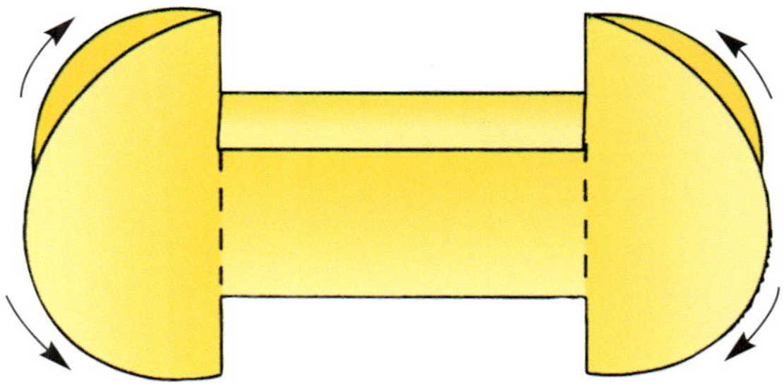

5 Redressez les demi-cercles de chaque côté pour former les ronds. Décorez avec les gommettes. Soufflez sur le « roule-au-vent » pour le faire avancer !

Le double looping

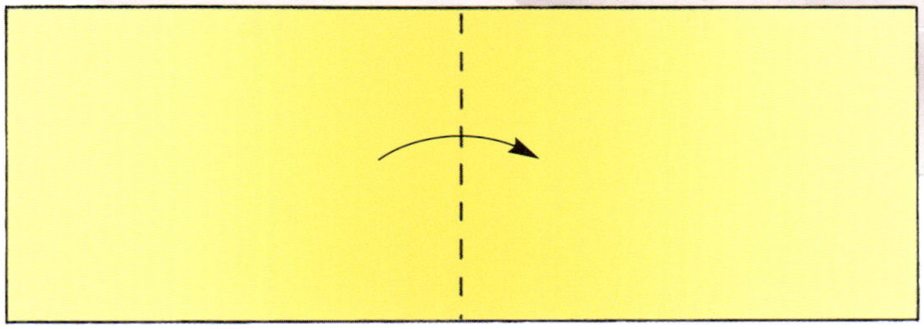

1 Pliez en deux.

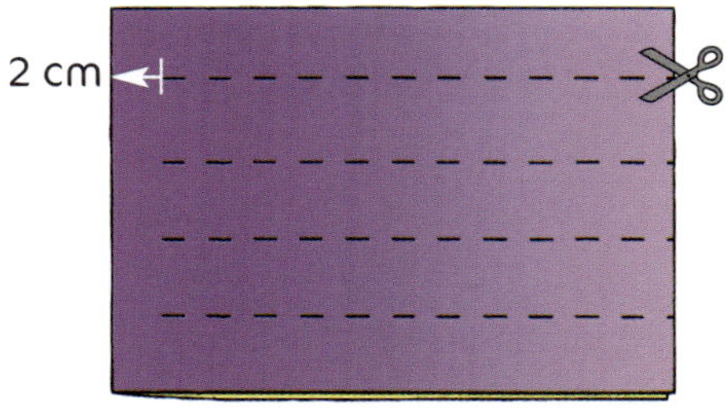

2 Tracez tous les 2 cm un trait de coupe, entaillez les deux épaisseurs jusqu'à 2 cm du pli.

3 Entaillez les bandes A, B, C et D. Attention au sens des entailles ! Retournez.

IL VOUS FAUT :

une feuille bicolore de 29,7 x 10 cm • des ciseaux • un crayon • une règle

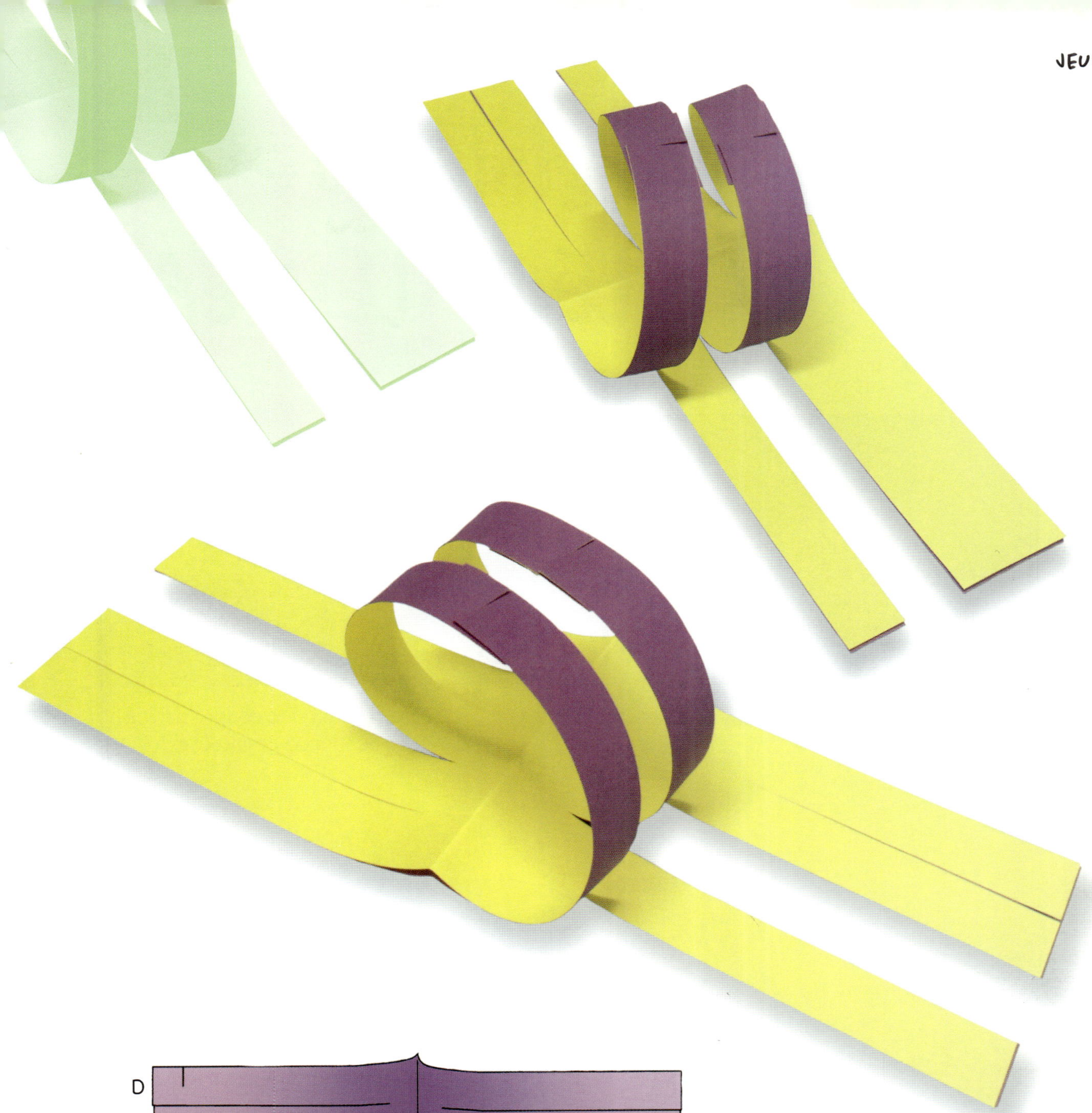

4 Emboîtez les bandes A avec C et B avec D en cachant les extrémités à l'intérieur.

La baleine et le baleineau

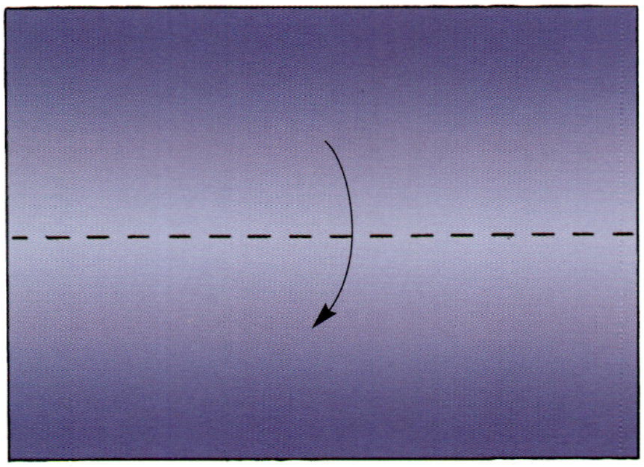

1 Pliez en deux.

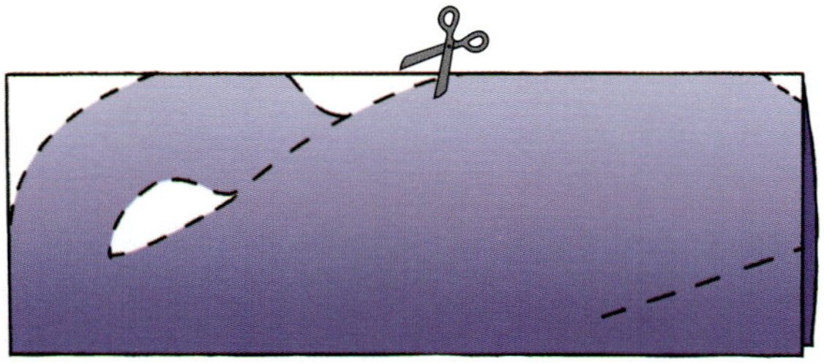

2 Tracez les traits de coupe (patron p. 113), découpez et entaillez.

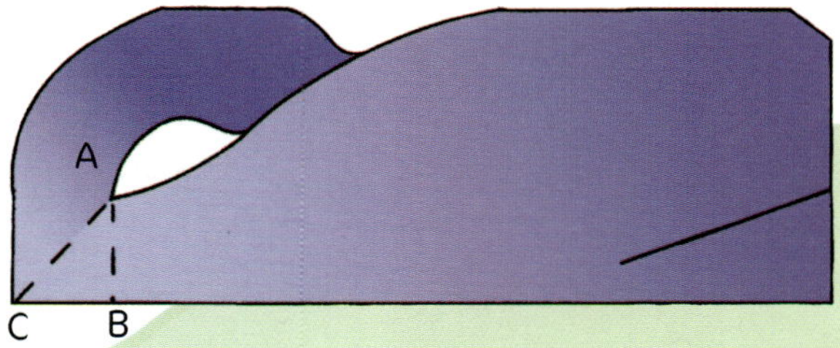

3 Marquez les plis AB et AC.

IL VOUS FAUT :
une feuille de 21 x 29,7 cm pour le baleineau une feuille de 7,5 x 10,5 cm • un crayon • un feutre noir • des ciseaux • deux petites gommettes rondes blanches • une étiquette blanche rectangulaire découpée en bandes

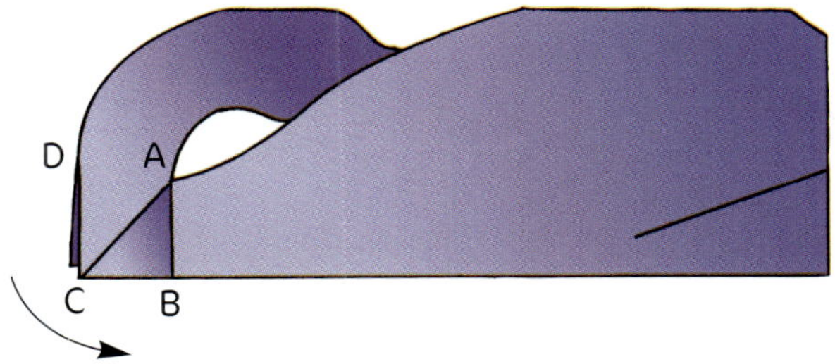

4 Ouvrez légèrement le corps.
Pincez la queue et basculez à l'intérieur les coins C jusqu'à ce que D joigne B.

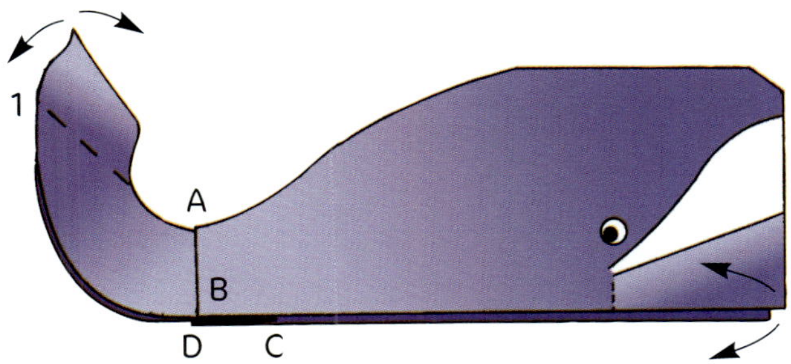

5 Aux pointillés, abaissez horizontalement la queue de chaque côté.
Dessinez la bouche et collez les yeux.
Rabattez les nageoires le long du corps.

La marionnette nounours

Vous pouvez inventer d'autres marionnettes pour raconter des histoires : Boucle d'or et les trois ours...

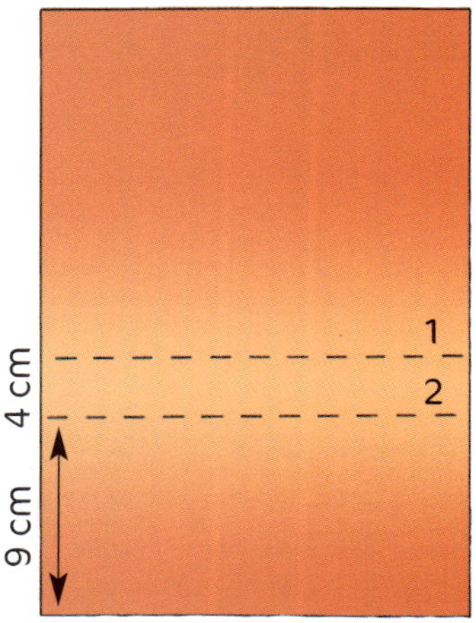

1 Marquez les plis.

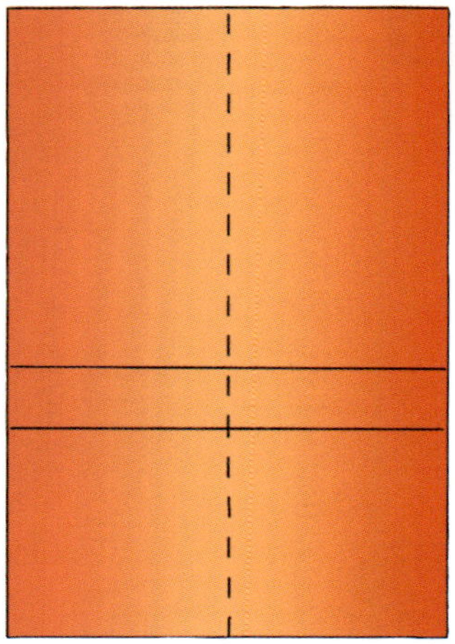

2 Pliez en deux.

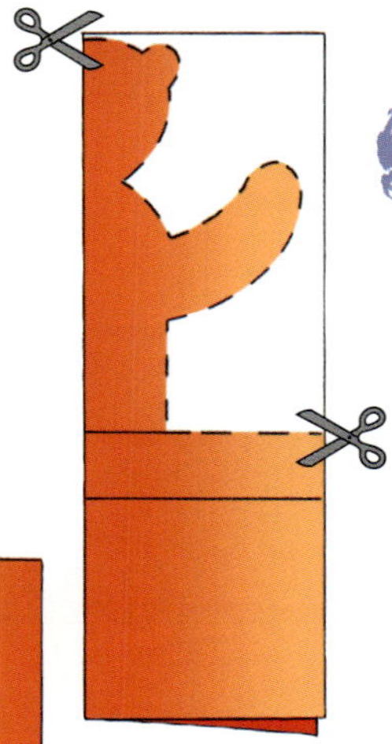

3 Tracez le trait de coupe (patron p. 120), découpez puis dépliez.

4 Collez les gommettes. Dessinez la bouche, pliez vers le haut au pli 1.

Il vous faut :

une feuille de 21 x 29,7 cm • un crayon • un feutre noir • une règle • des ciseaux • des gommettes rondes : 9 petites jaunes, 3 petites roses, 2 petites noires, 2 moyennes blanches, 1 cœur noir, 2 gommettes triangulaires bleues

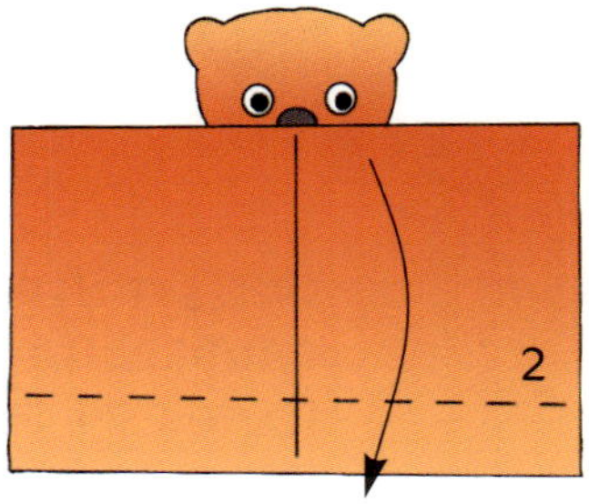

5 Abaissez suivant le pli 2 puis retournez.

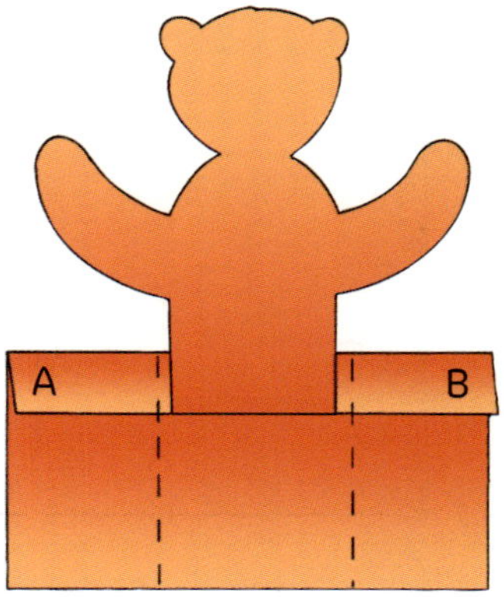

6 Marquez les plis sur les pointillés. Rabattez A et B l'un vers l'autre en glissant A à l'intérieur de B.

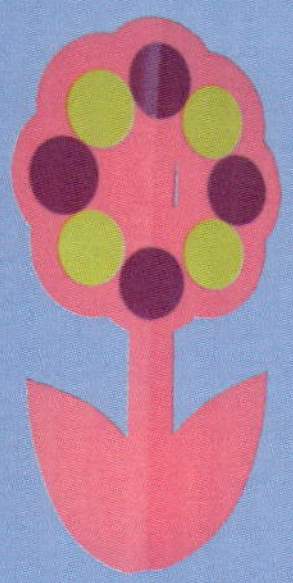

La fleur

LA FLEUR TERMINÉE, VOUS POUVEZ LA SUSPENDRE EN METTANT LA PARTIE ENTAILLÉE À CHEVAL SUR UN FIL. VOUS POUVEZ FAIRE DES FLEURS DE PLUSIEURS COULEURS ET DE DIFFÉRENTES TAILLES.

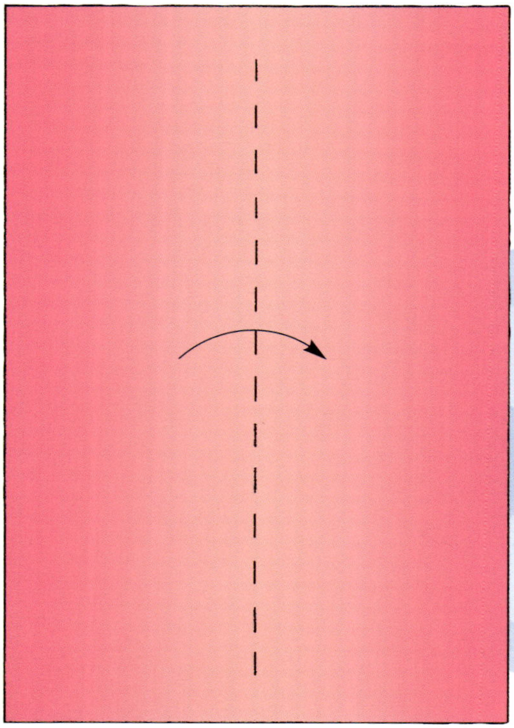

1 Pliez en deux.

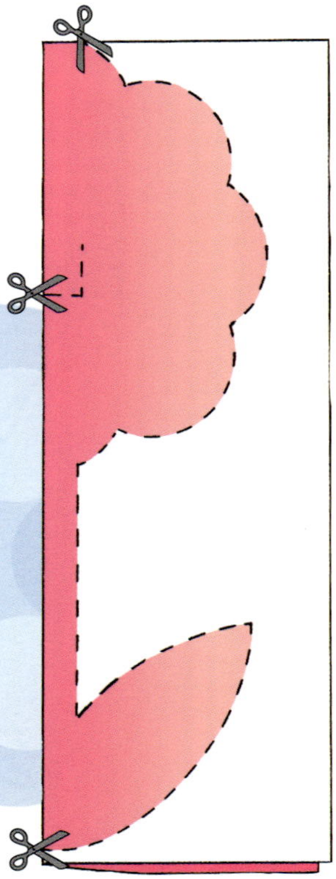

2 Tracez les traits de coupe (patron p. 115). Entaillez, découpez et dépliez.

IL VOUS FAUT :

une feuille de 21 x 29,7 cm • un crayon • des ciseaux • du fil de nylon • des gommettes

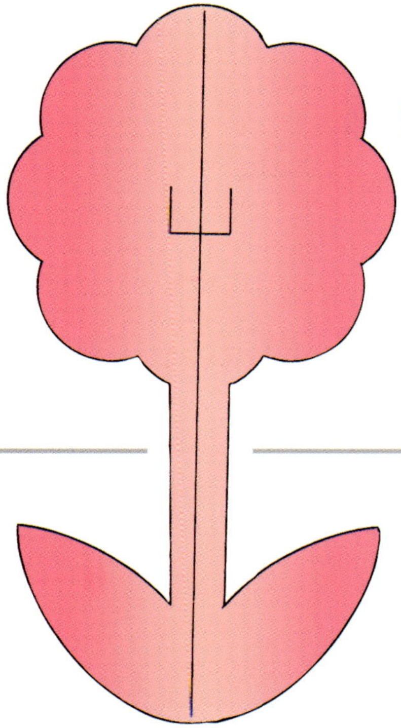

3 Décorez votre fleur.

LE PAPILLON

1 Pliez en deux.

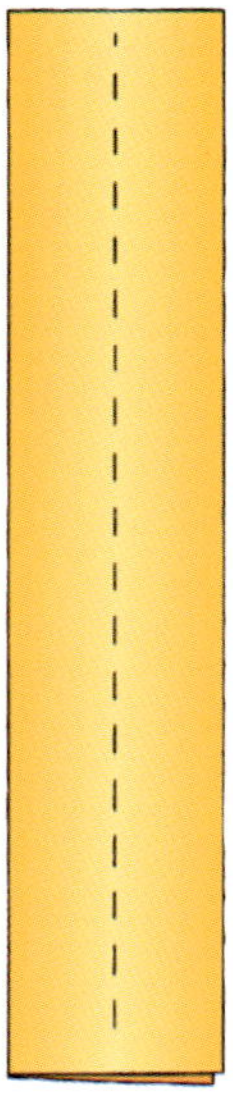

2 Marquez le pli au centre.

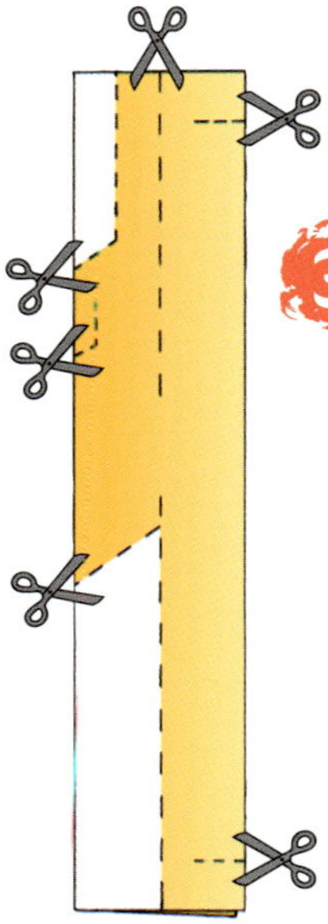

3 Tracez les traits de coupe. Découpez, entaillez.

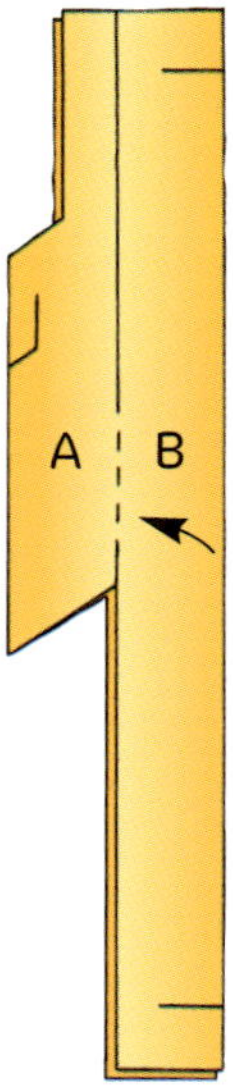

4 Rabattez une épaisseur de B sur A. Retournez.

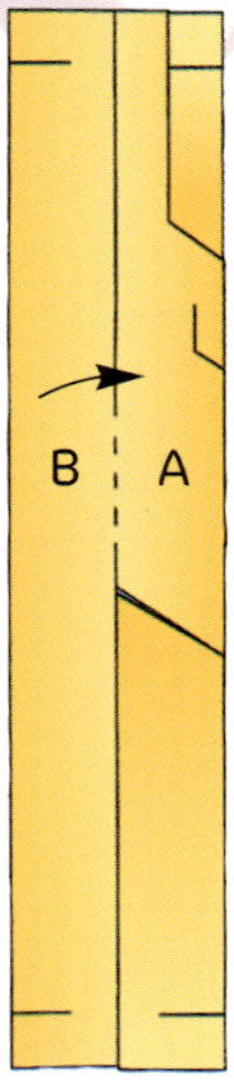

5 Rabattez B sur A.

IL VOUS FAUT :

une feuille de 29,7 x 10 cm • une règle • un crayon • des ciseaux • du fil de nylon • des gommettes rondes: 2 moyennes blanches, 2 petites noires • des gommettes variées pour les ailes

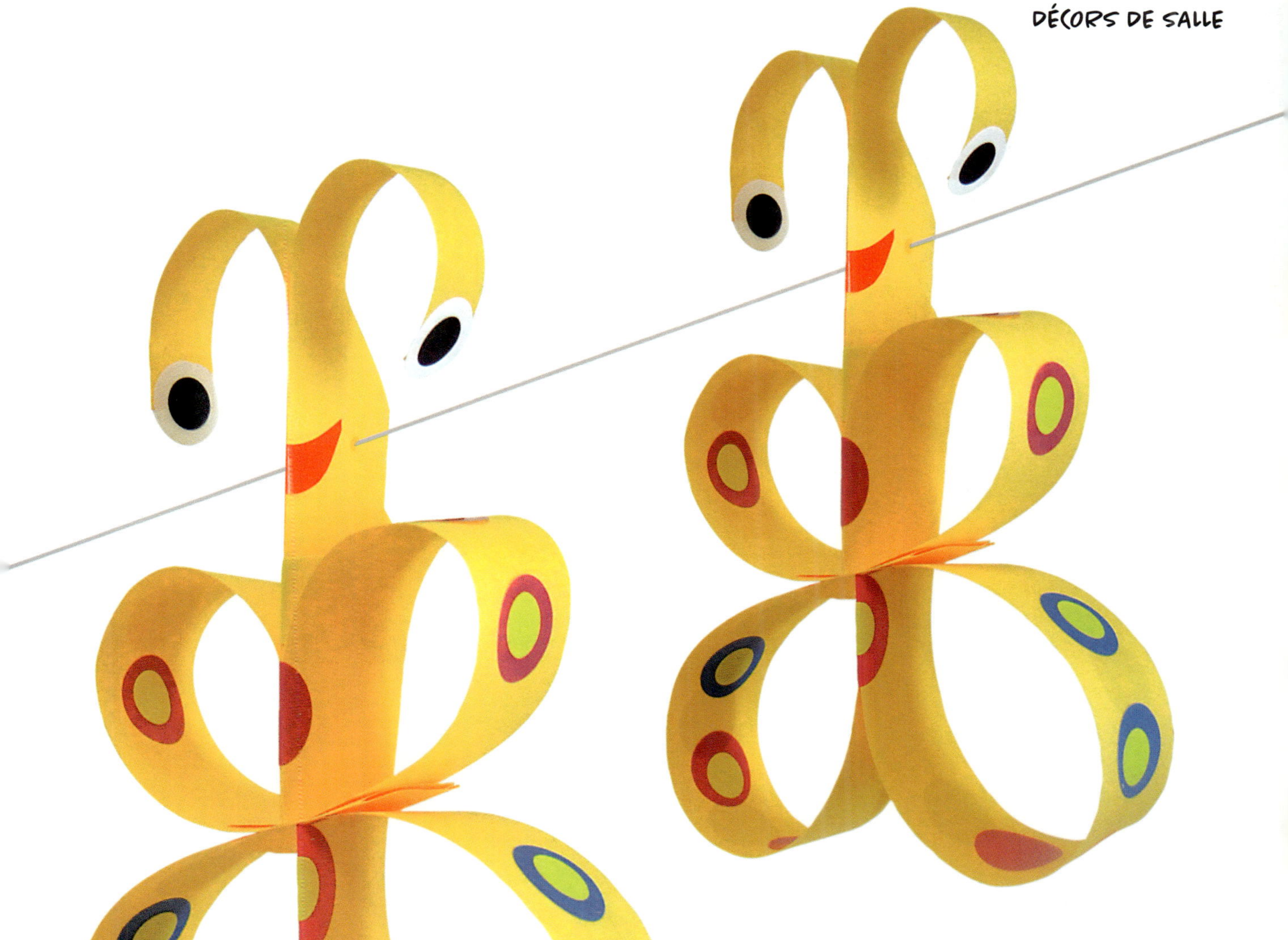

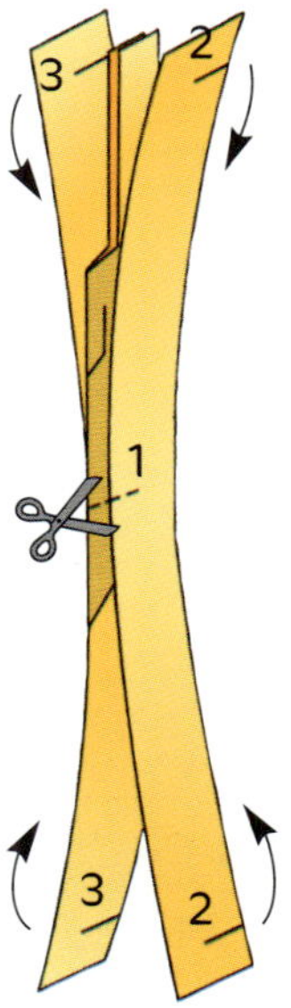

6 Entaillez toutes les épaisseurs au trait 1 sur 7 mm.
Serrez les entailles 1 pour n'en faire qu'une.
Emboîtez-y les entailles 2.
Glissez les bandes 3 entre les bandes 2, emboîtez-les sur 1.

Le cœur

LE CŒUR TERMINÉ, VOUS POUVEZ LE SUSPENDRE EN METTANT L'ENTAILLE 4 À CHEVAL SUR UN FIL. VOUS POUVEZ ACCROCHER PLUSIEURS CŒURS LES UNS AU-DESSUS DES AUTRES.

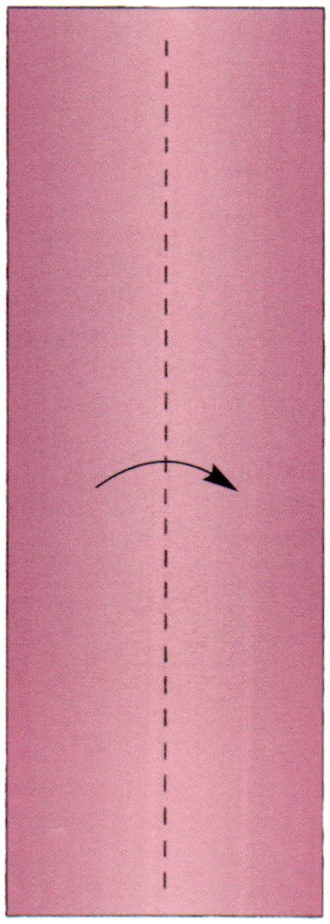

1 Pliez en deux.

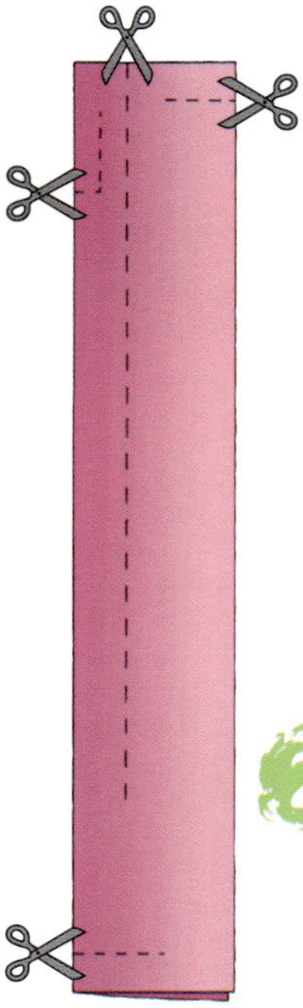

2 Tracez les traits de coupe. Entaillez, orientez votre pliage pour que le pli soit vers vous.

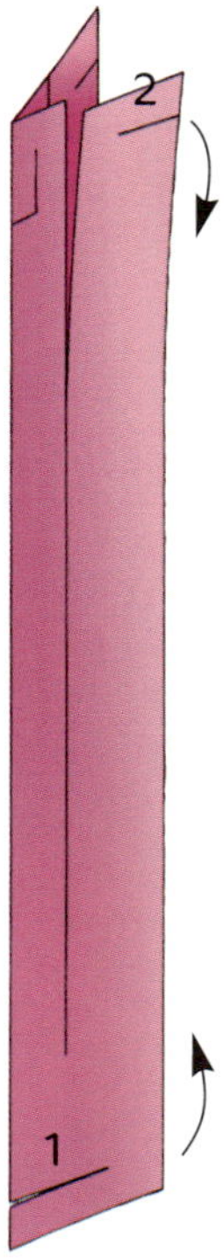

3 Emboîtez les entailles 1 et 2.

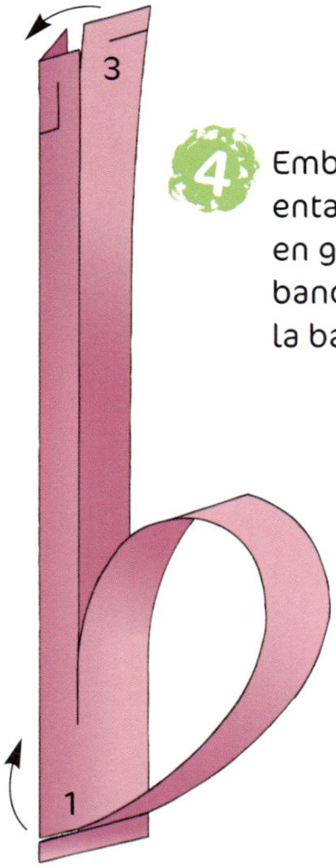

4 Emboîtez les entailles 1 et 3 en glissant la bande 3 sous la bande 2.

IL VOUS FAUT :

une feuille de 29,7 x 15 cm • une règle • un crayon • des ciseaux • du fil de nylon

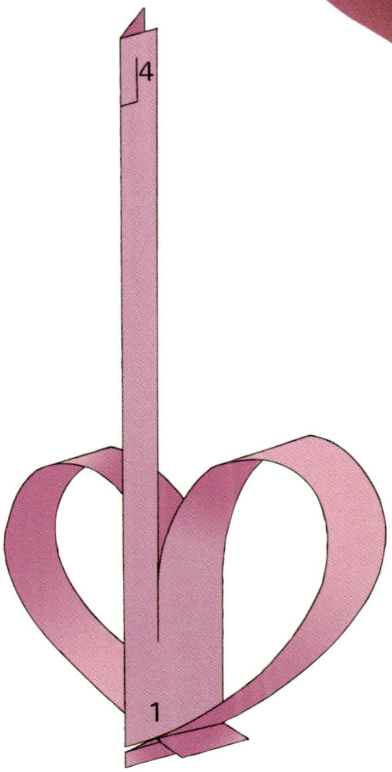

5 Pincez le cœur sur l'entaille 1 pour former la pointe.

Le cœur triple

1 Pliez en deux.

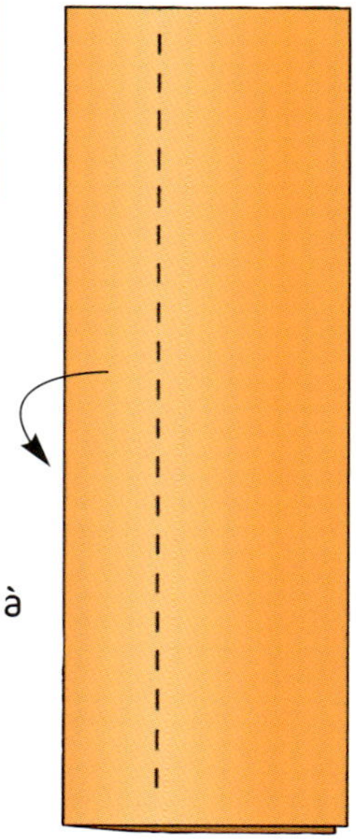

2 Repliez derrière à 3,5 cm du pli.

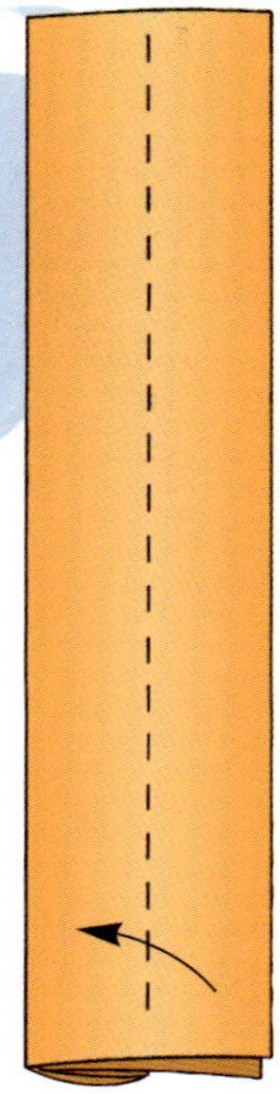

3 Repliez en deux.

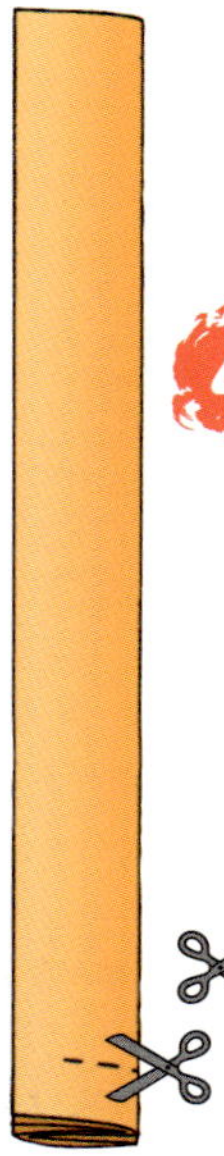

4 Entaillez puis dépliez deux fois.

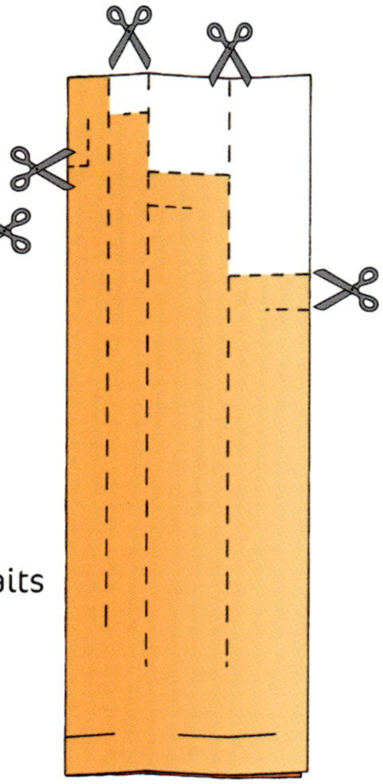

5 Tracez les traits de coupe. Découpez et entaillez.

Il vous faut :

une feuille de 21 x 29,7 cm • une règle • un crayon • des ciseaux • du fil de nylon

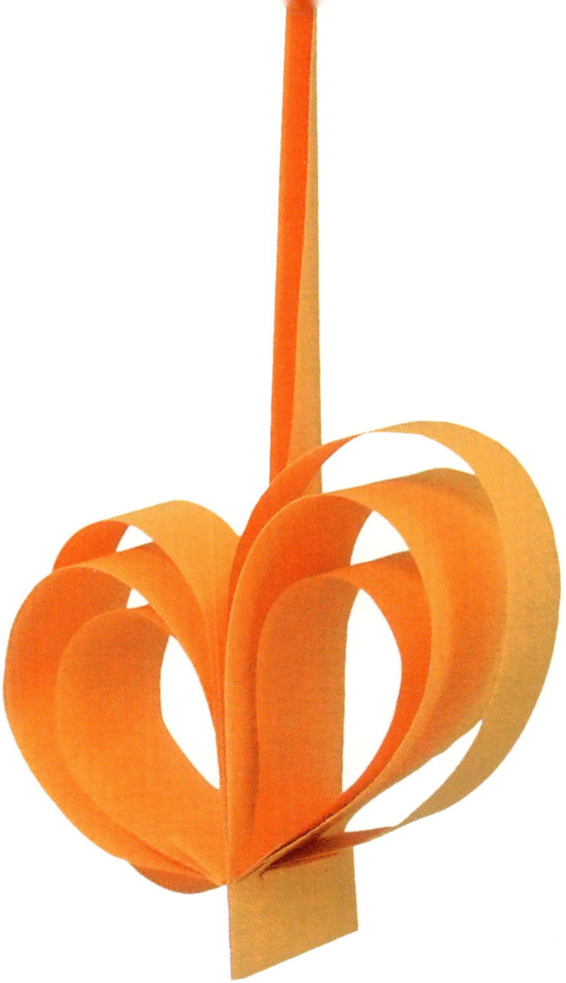

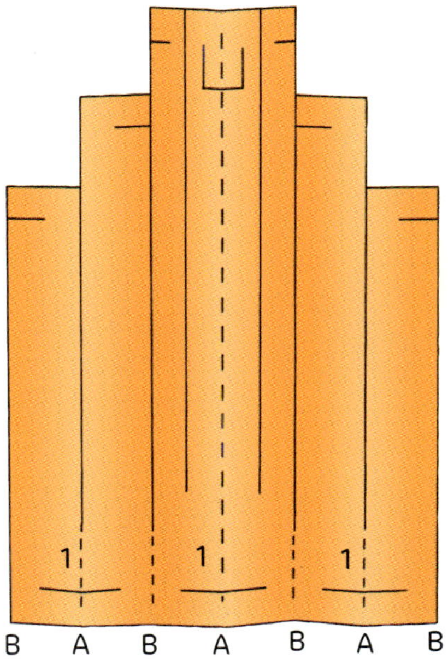

6 Dépliez le tout puis pliez en accordéon sur les plis existants. Orientez les plis A vers vous. Serrez l'accordéon pour que les entailles 1 n'en forment qu'une. Comme pour le cœur simple, emboîtez les entailles en suivant les numéros par ordre croissant.

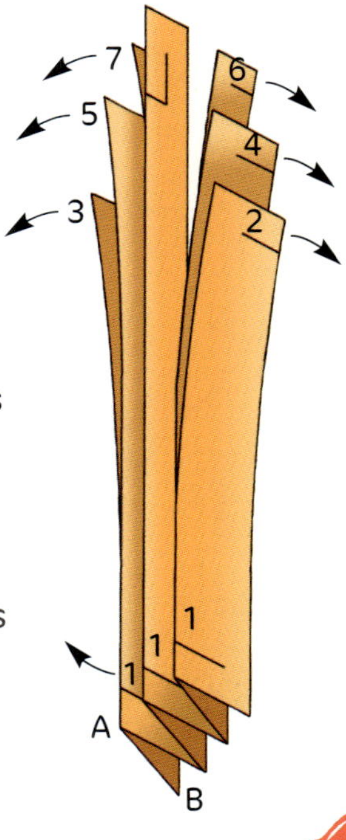

Le poisson

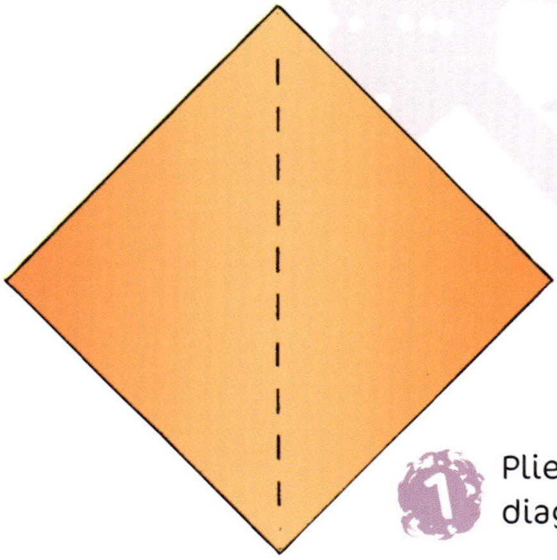

1 Pliez en deux sur la diagonale.

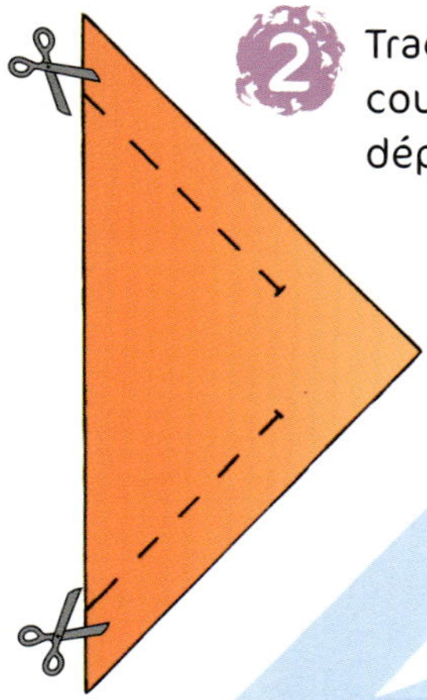

2 Tracez les traits de coupe. Entaillez et dépliez.

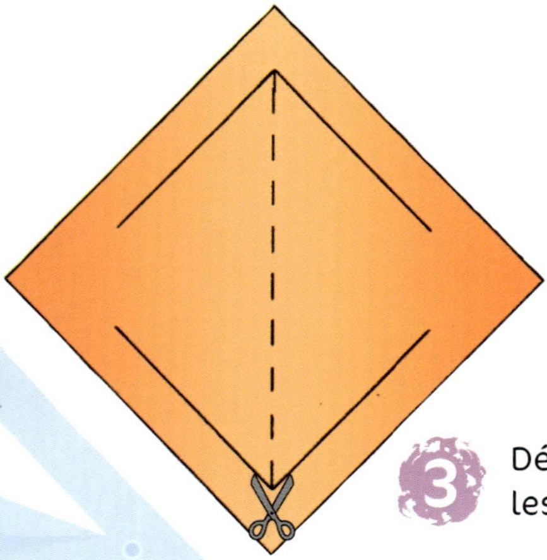

3 Découpez sur les pointillés.

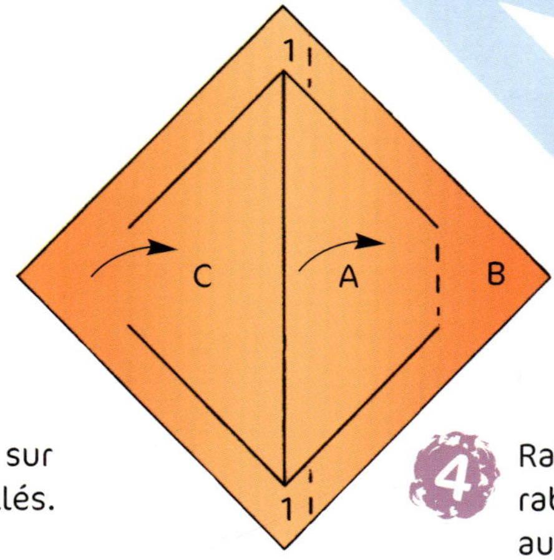

4 Rabattez A sur B et rabattez C sur A aux pointillés 1.

IL VOUS FAUT :

une feuille carrée de 21 x 21 cm • une règle • un crayon • des ciseaux • deux gommettes rondes blanches • un feutre noir • des gommettes pour décorer

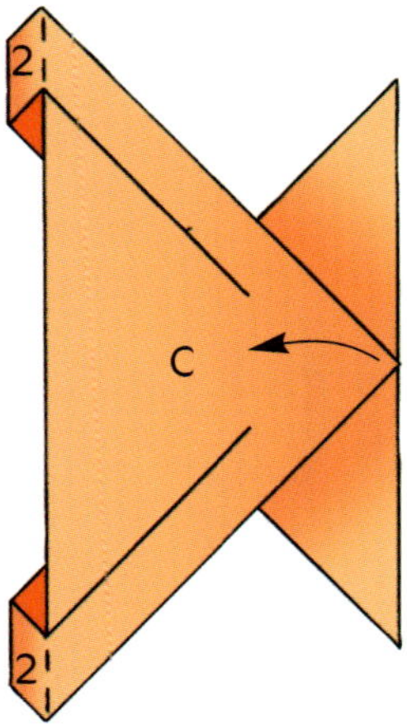

5 Repliez C sur le pli 2.

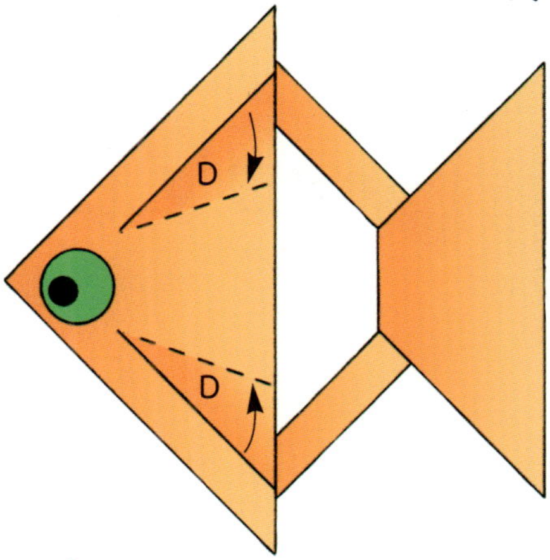

6 Rabattez les triangles D l'un vers l'autre. Collez les gommettes pour faire les yeux et décorer les nageoires.

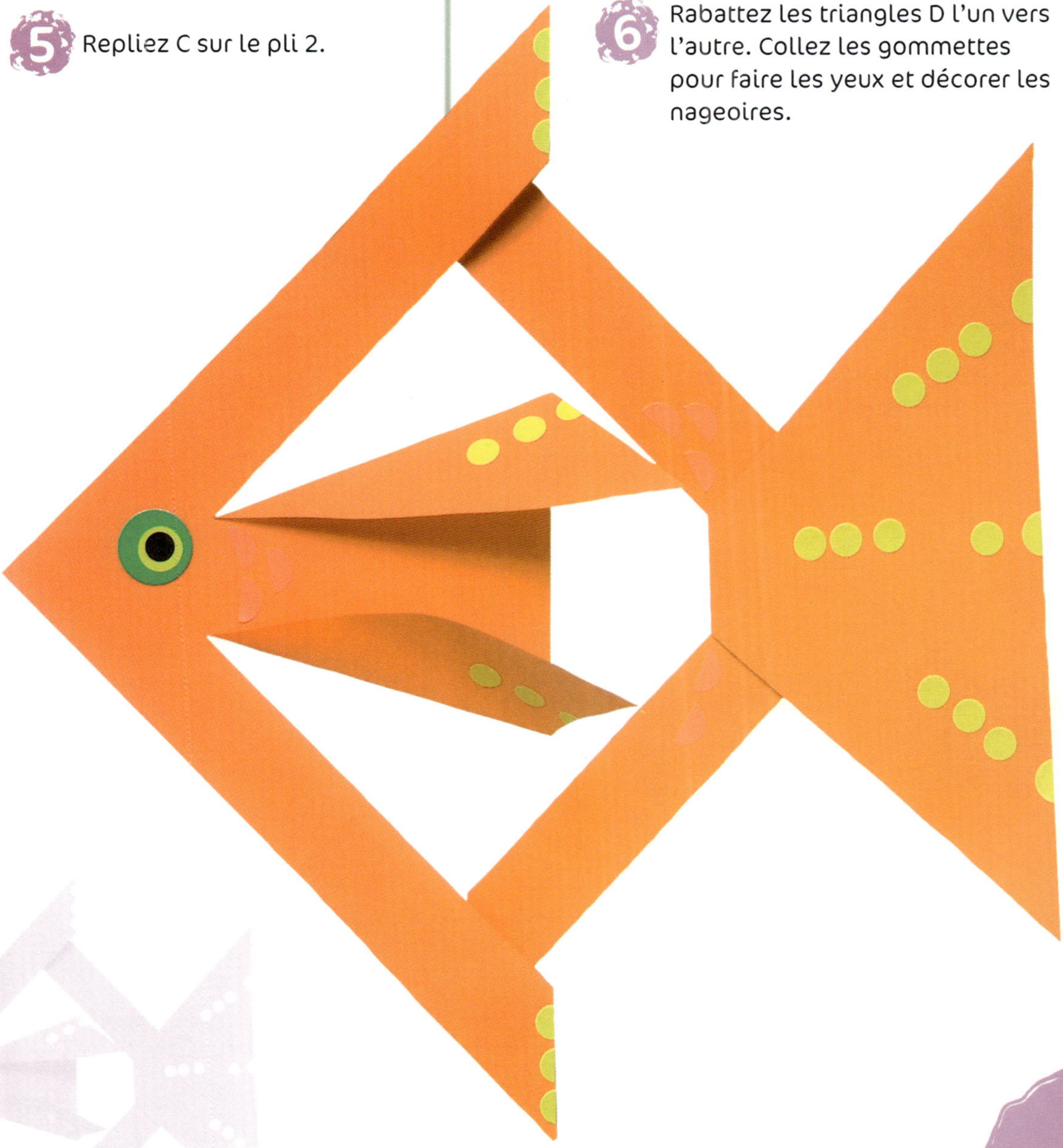

L'éventail aux cotillons

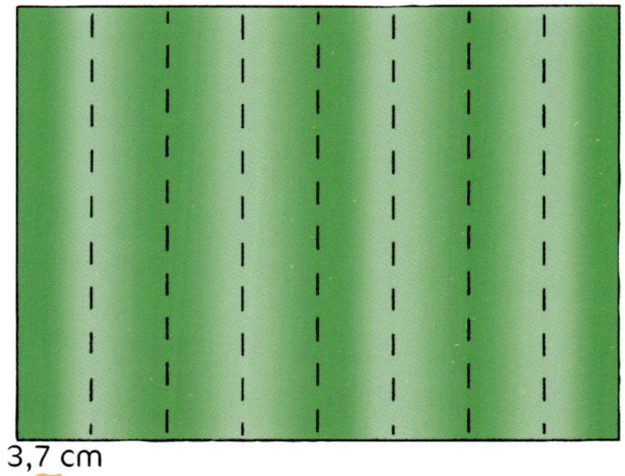

1 Pliez la feuille en accordéon, en faisant des bandes de 3,7 cm.

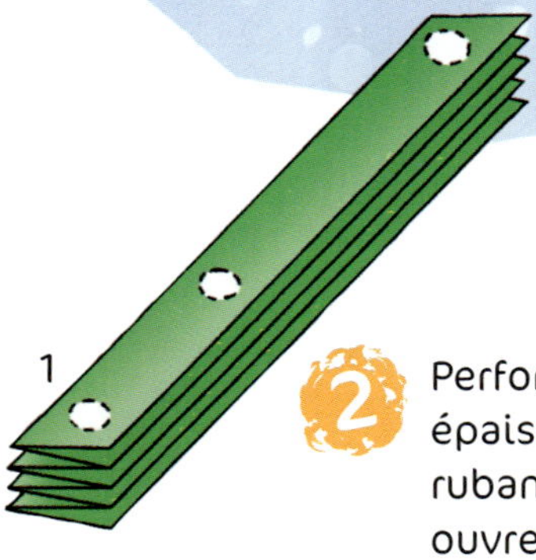

2 Perforez toutes les épaisseurs. Passez le ruban dans le trou 1, ouvrez.

3 Passez dans la perforation A, enfilez une perle. Passez dans les perforations B, enfilez une perle. Passez dans les perforations C, enfilez une perle. Passez dans les perforations D, enfilez une perle. Sortez le ruban par la perforation E.

Il vous faut :

une feuille de 21 x 29,7 cm • une perforette • une règle • un crayon • du ruban (1 m) • quatre cotillons ou grosses perles • des gommettes pour décorer

5 Faites un nœud avec les extrémités du ruban. Glissez une extrémité dans la perforation 1 et refaites un nœud. Faites boucler le ruban. Décorez l'éventail avec les gommettes.

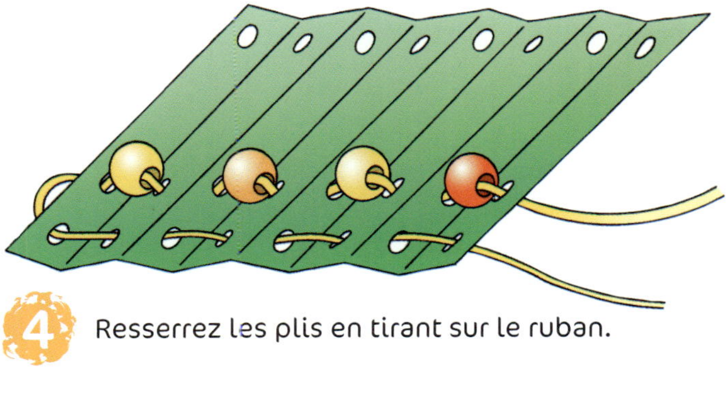

4 Resserrez les plis en tirant sur le ruban.

La guirlande aux éventails

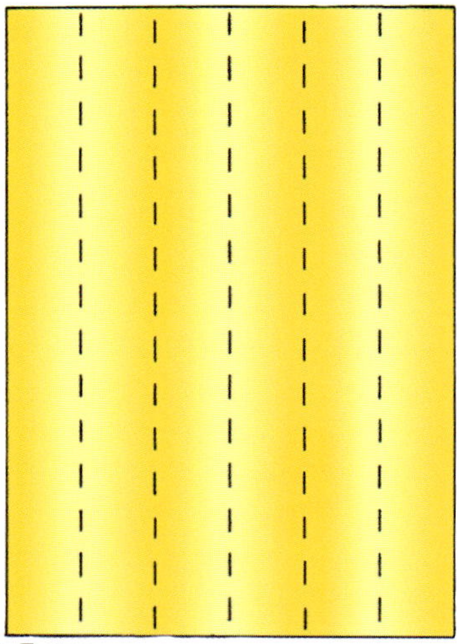

1 Pliez les trois feuilles en accordéon, en faisant des bandes de 3,5 cm.

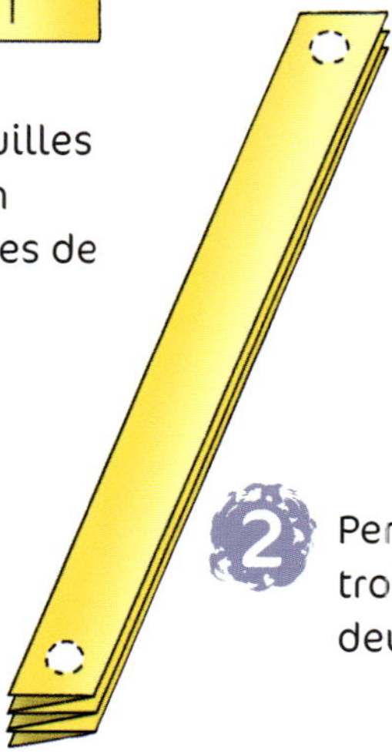

2 Perforez une à une les trois feuilles pliées aux deux extrémités.

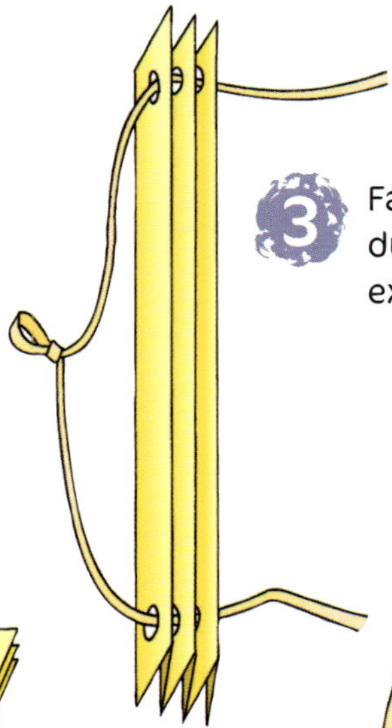

3 Faites une boucle à la moitié du ruban, puis enfilez une extrémité du ruban.

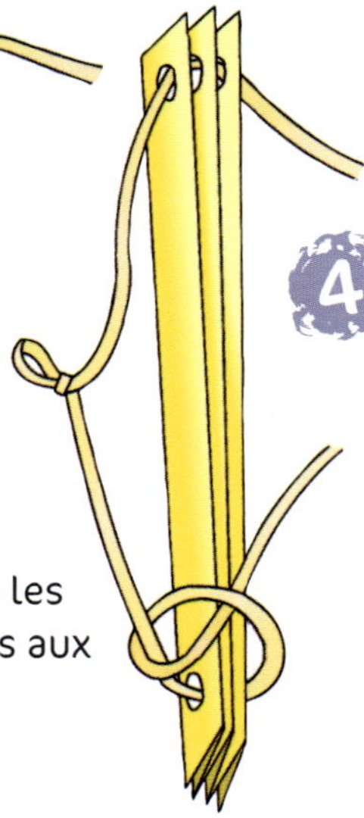

4 Nouez la partie inférieure de l'éventail.

IL VOUS FAUT :

trois feuilles de 21 x 29,7 cm • une perforette • une règle • un crayon • du ruban (1 m 20) • des gommettes pour décorer

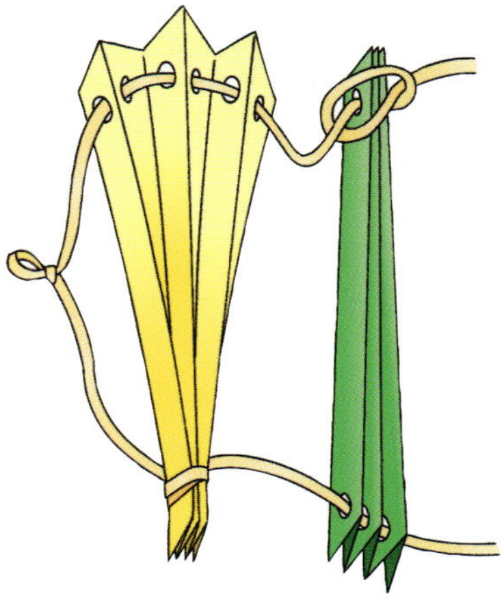

5 Enfilez un nouvel éventail et nouez sa partie supérieure sans tendre le ruban (afin que le premier éventail puisse s'ouvrir).

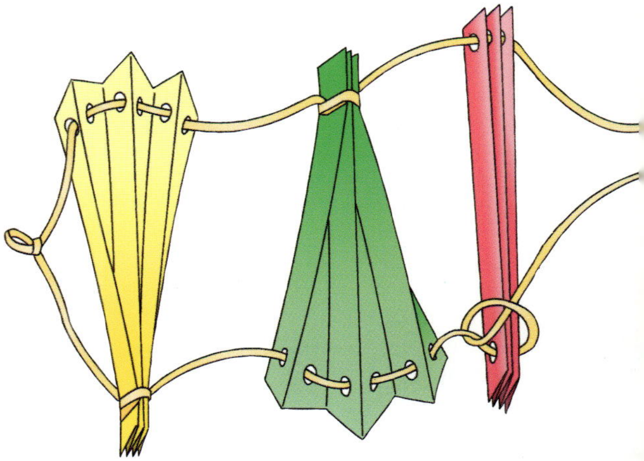

6 Enfilez le dernier éventail et nouez la partie inférieure de celui-ci. Pour achever la guirlande, nouez entre elles les deux extrémités du ruban. Décorez avec les gommettes !

La guirlande d'anneaux

UTILISEZ DES PAPIERS DE COULEURS DIFFÉRENTES POUR FAIRE UNE GUIRLANDE ARC-EN-CIEL OU BIEN ALTERNEZ DES ANNEAUX DE DIFFÉRENTES TAILLES.
VOUS POUVEZ FAIRE LA GUIRLANDE À PLUSIEURS.

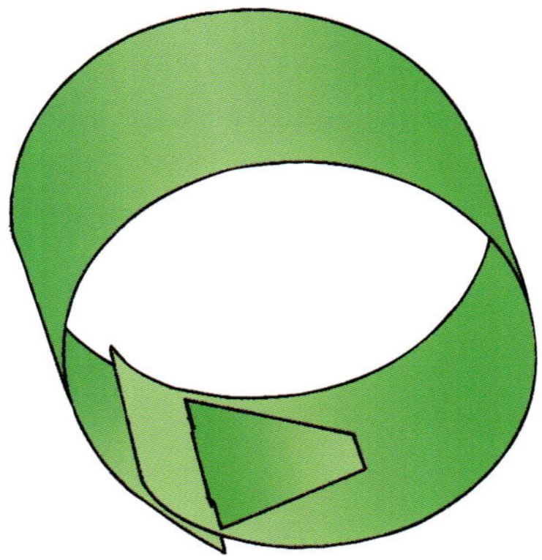

1 Faites un anneau. Pour cela reprendre le modèle de l'anneau ou rond de serviette p. 61.

IL VOUS FAUT :

des bandes de papier de 2 x 14 cm
Faites des bandes pas encore fermées en allant jusqu'à l'étape 3 de l'anneau ou rond de serviette

2 Faites passer une bande à l'intérieur de l'anneau, et fermez-la autour. Ajoutez des bandes jusqu'à ce que la guirlande ait la taille que vous souhaitez.

Le ruban nœud papillon

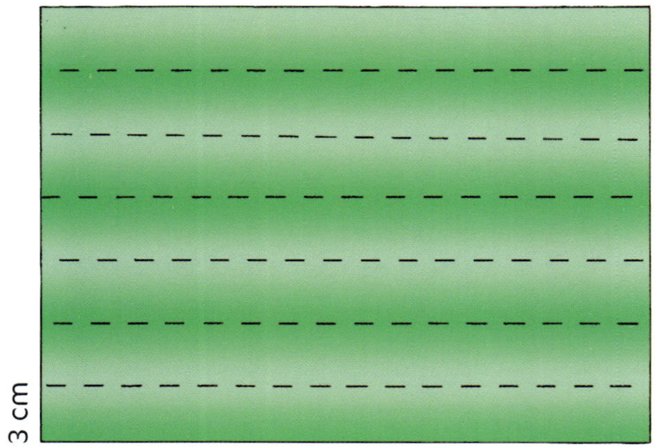

1 Faites un accordéon avec des bandes de 3 cm.

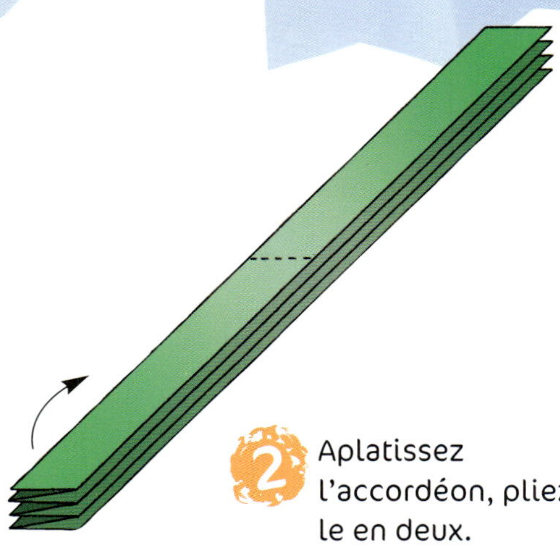

2 Aplatissez l'accordéon, pliez-le en deux.

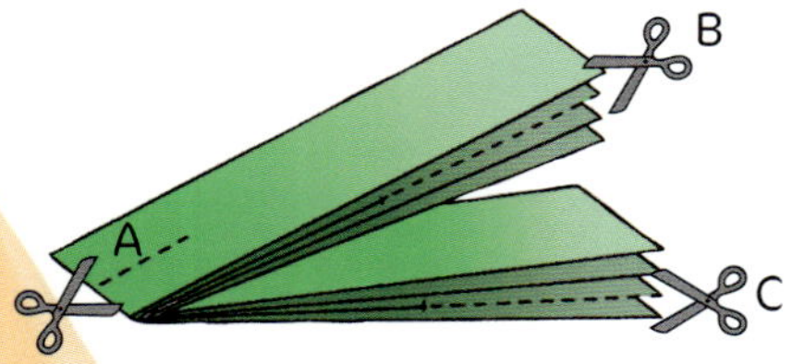

3 Entaillez le long des pointillés : A sur 3 cm, B et C sur 8 cm. Dépliez une fois.

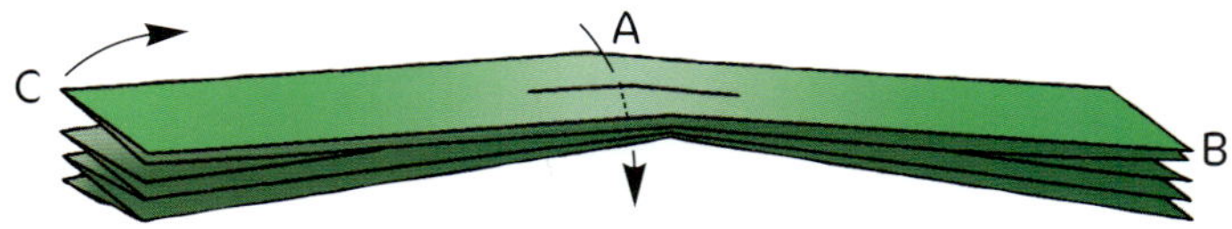

4 Glissez C dans A.

IL VOUS FAUT :

une feuille de 21 x 29,7 cm • une règle • un crayon • des ciseaux

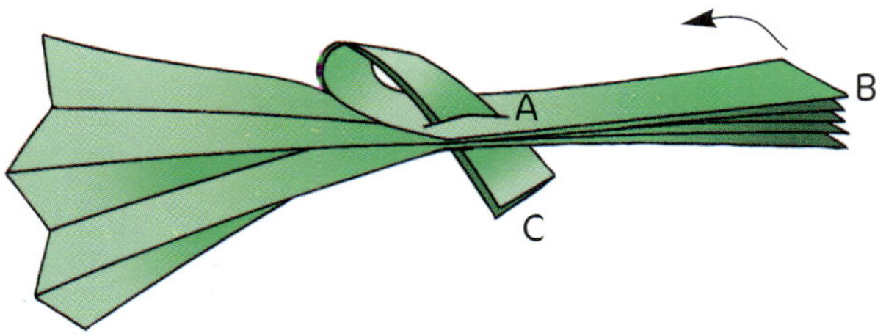

5 Glissez B dans A.

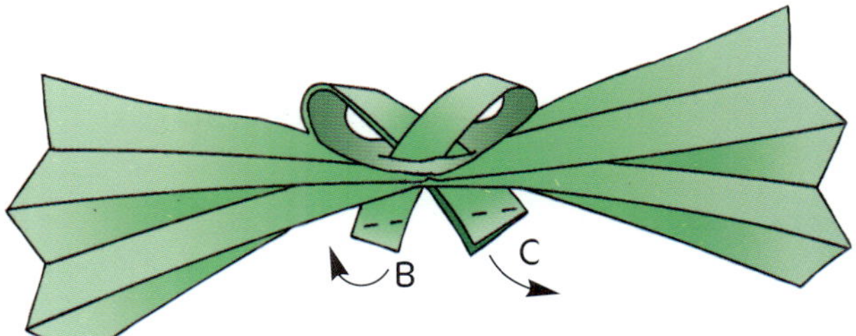

6 Pliez C en avant et B en arrière. Accrochez la décoration sur un fil tendu.

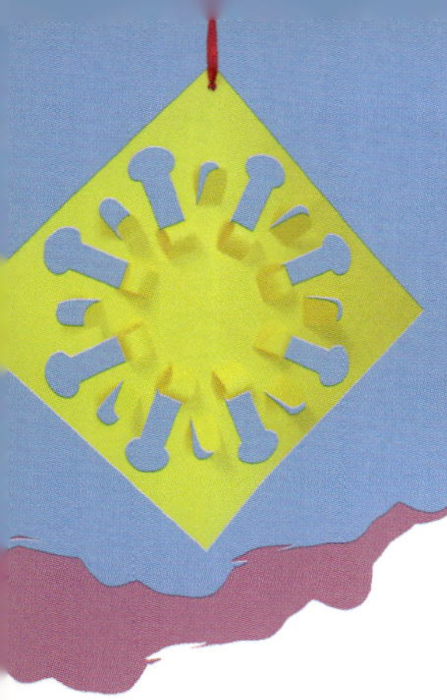

La fleur tournesol

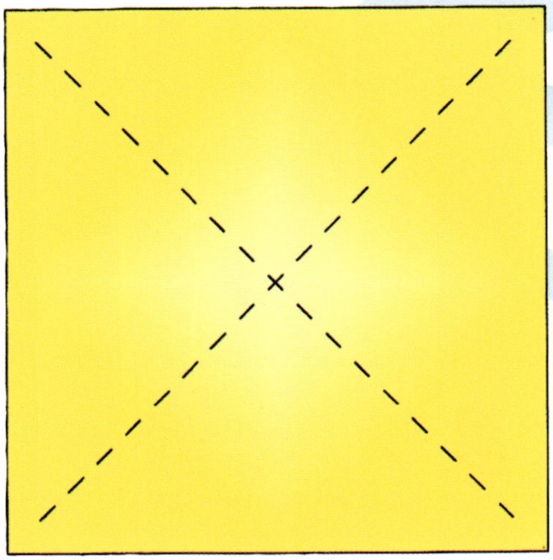

1 Pliez en quatre sur les diagonales.

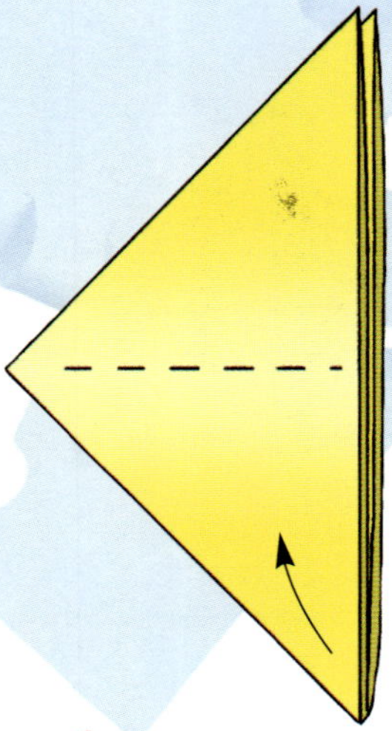

2 Repliez en deux.

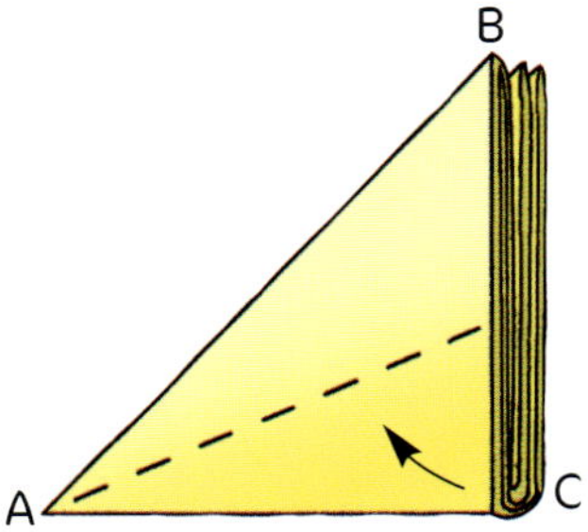

3 Rabattez AC sur AB.

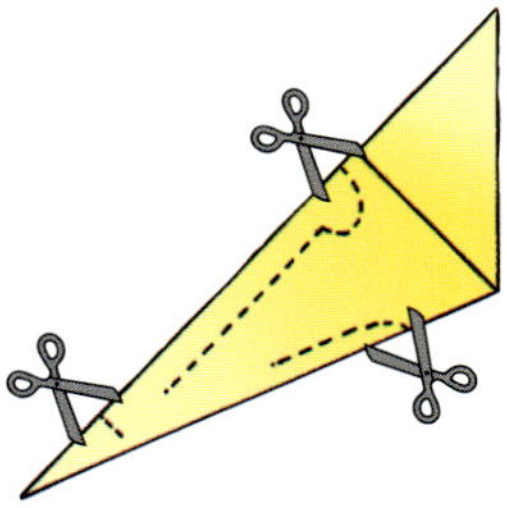

4 Tracez les traits de coupe (patron p. 123). Entaillez et dépliez tout.

IL VOUS FAUT :
une feuille carrée de 21 x 21 cm • un crayon • des ciseaux

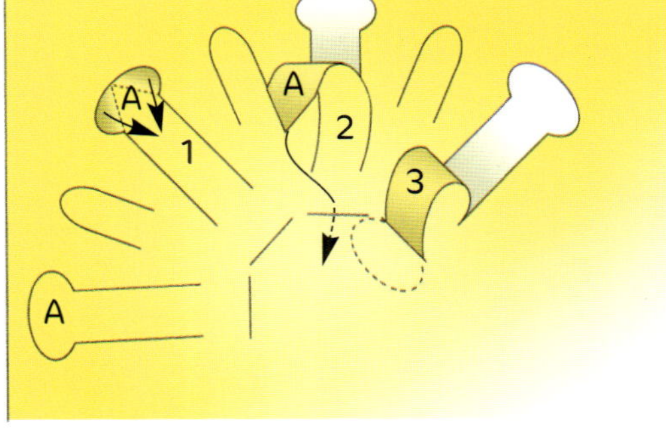

5 Faites passer les découpes A dans les fentes centrales.

1. Pliez l'extrémité de A en pointe.
2. Passez-la dans la fente.
3. Dépliez-la une fois passée.

Le marque-verre acrobates

1 Pliez en quatre en commençant par le pli 1.

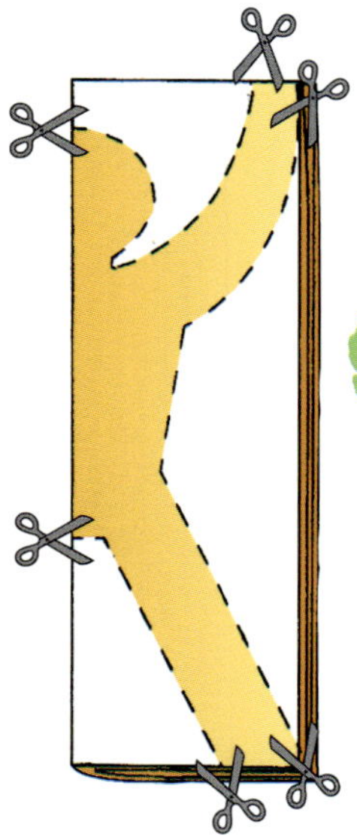

2 Dessinez la tête et le ventre côté pli, et découpez. Dépliez une fois.

IL VOUS FAUT :

une feuille de 4 x 12 cm • un crayon • des ciseaux • des feutres • des gommettes

3 Décorez le personnage et écrivez-y le prénom d'un invité ! (Vous pouvez mettre une gommette différente sur chaque acrobate afin que chacun reconnaisse son verre.)

La princesse des fleurs

Décor de table ou marque place

1 Marquez le pli au centre.

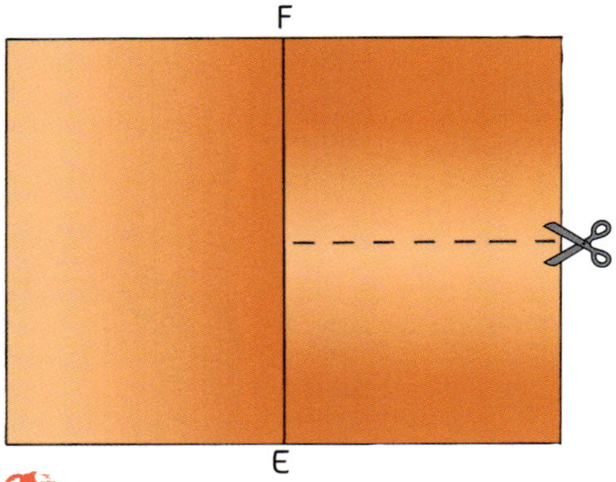

2 Entaillez au centre jusqu'au pli EF.

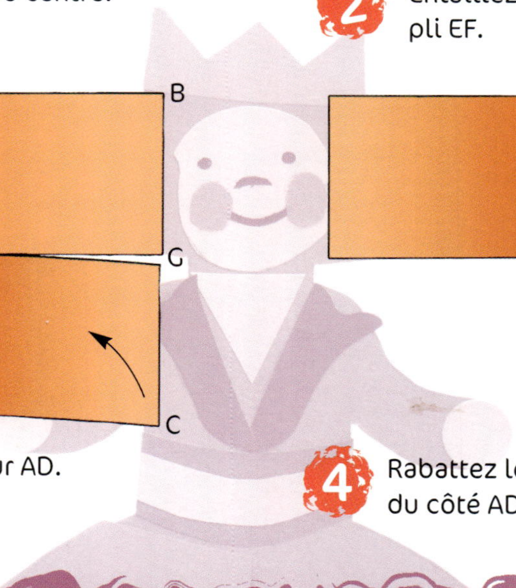

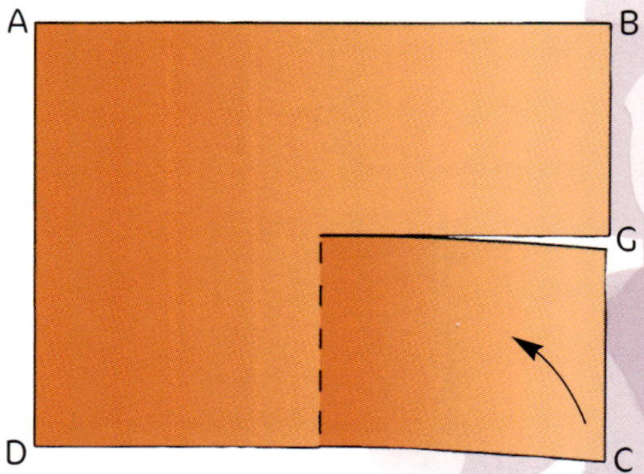

3 Rabattez CG sur AD. Retournez.

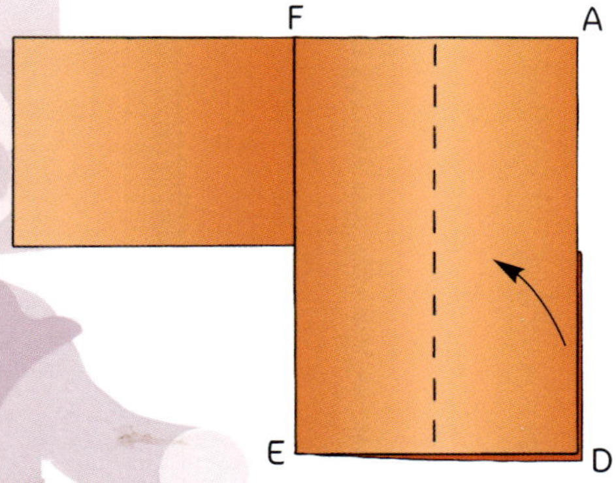

4 Rabattez les deux épaisseurs du côté AD sur le pli EF.

Il vous faut :
une feuille de 10,5 x 14,8 cm • un crayon, • des ciseaux • des gommettes

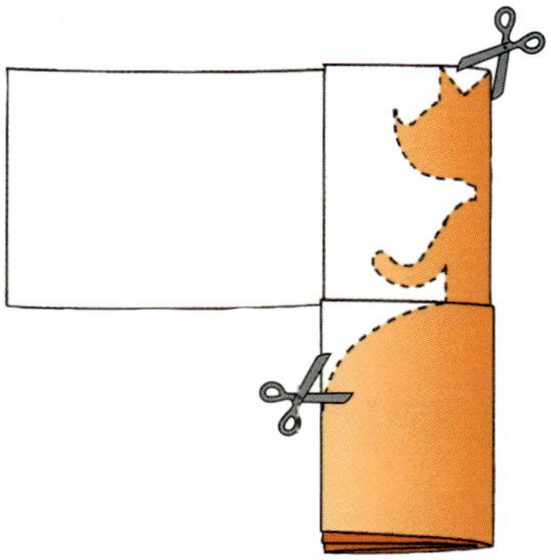

5 Tracez (patron p. 120), découpez et dépliez tout.

6 Dessinez le visage de la princesse. Entaillez sur 3 cm.

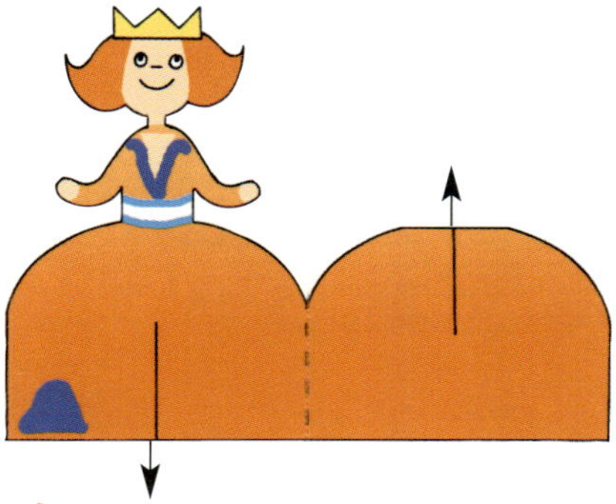

7 Emboîtez les fentes. Décorez la robe avec les gommettes ! (Si « la princesse des fleurs » sert de marque-place, écrivez le prénom d'un invité sur sa robe !)

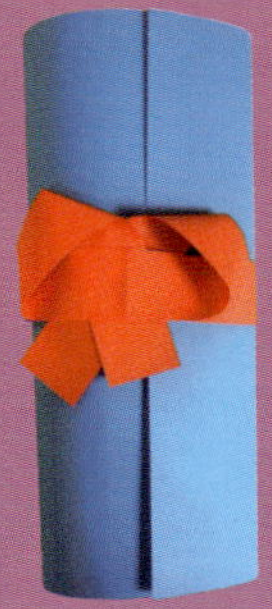

Le nœud

Décor de verre ou ruban de menu

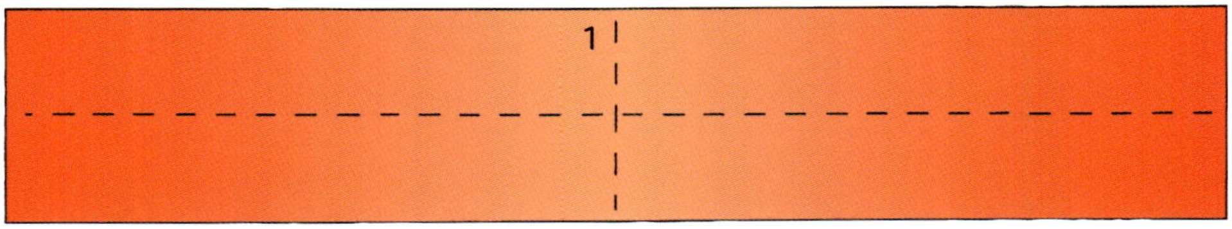

1 Pliez en quatre en commençant par le pli 1. Dépliez une fois.

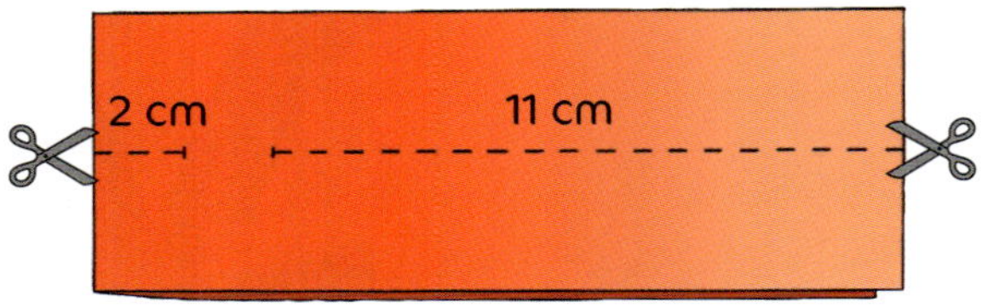

2 Entaillez, dépliez.

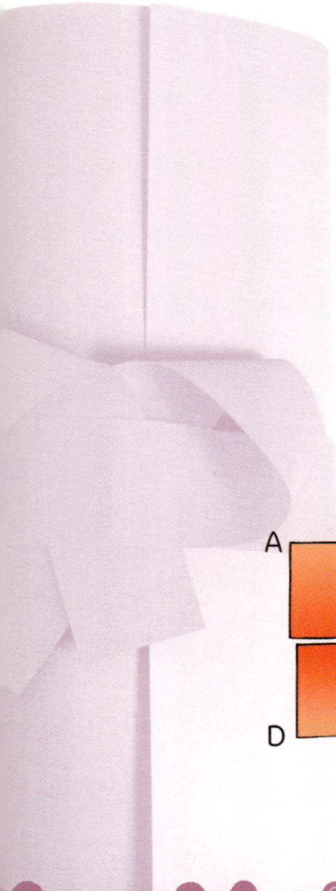

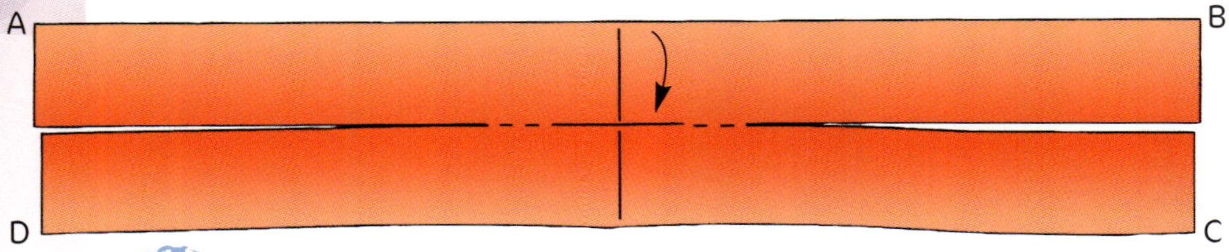

3 Rabattez AB sur CD.

Il vous faut :
une feuille de 29,7 x 5 cm • des ciseaux

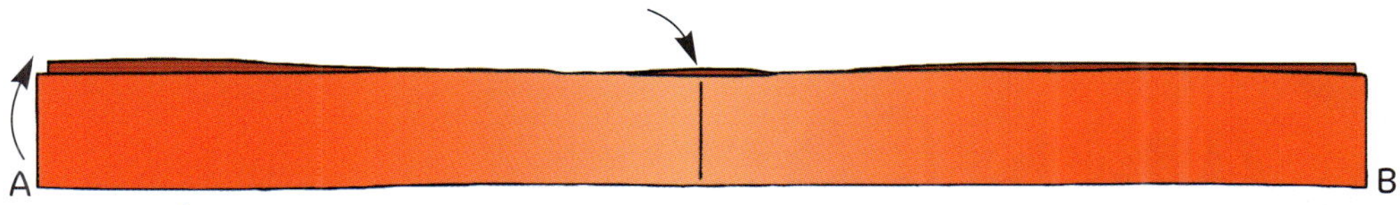

4 Glissez A dans la fente centrale.

5 Faites de même avec B.

SI VOUS UTILISEZ LE NŒUD COMME DÉCOR DE VERRE :

1 Faites le tour du verre avec la bande,
2 Faites un trait au croisement des deux extrémités,
3 Entaillez sur ces traits,
4 Emboîtez les entailles,
5 Faites passer le ruban par le fond du verre.

L'ANNEAU
OU ROND DE SERVIETTE

ÉCRIVEZ UN PRÉNOM SUR LE ROND DE SERVIETTE.
DÉCOREZ-LE AVEC LES GOMMETTES !

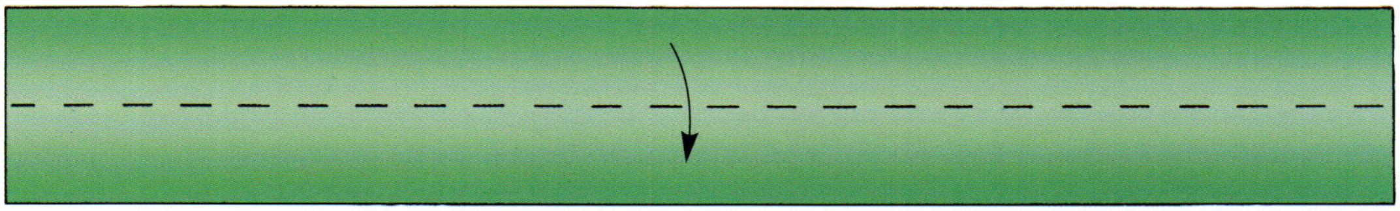

1 Pliez en deux.

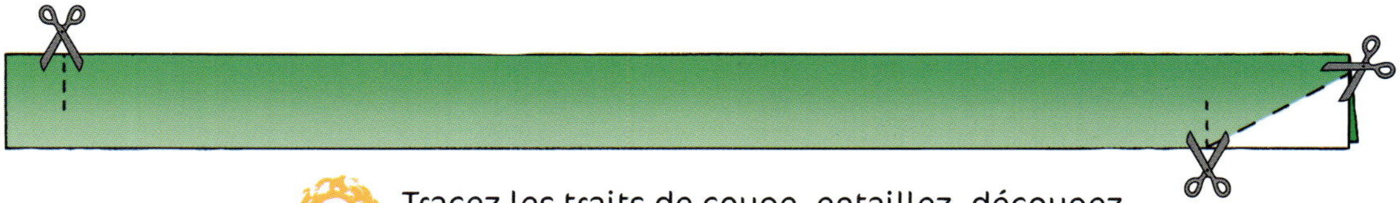

2 Tracez les traits de coupe, entaillez, découpez.
Dépliez.

3 Repliez les pointes A vers le centre.

IL VOUS FAUT :

une feuille de 21 x 3 cm • un crayon • des ciseaux • des gommettes

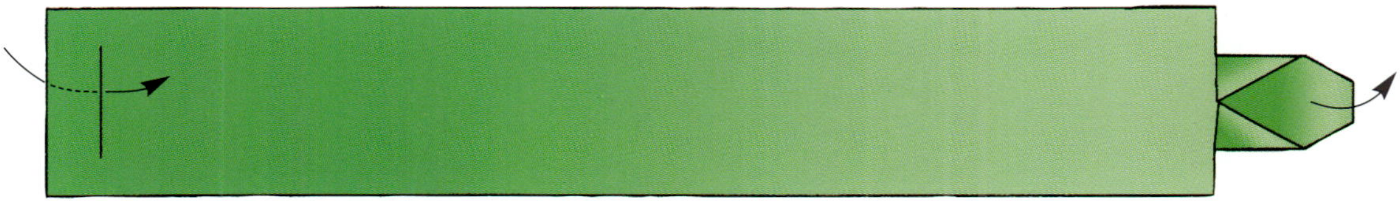

4 Formez l'anneau en glissant la partie repliée dans la fente.

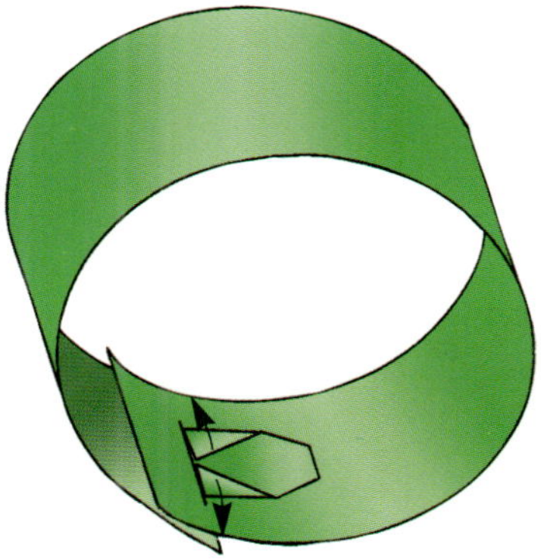

5 Dépliez les pointes A.

Le décor de paille

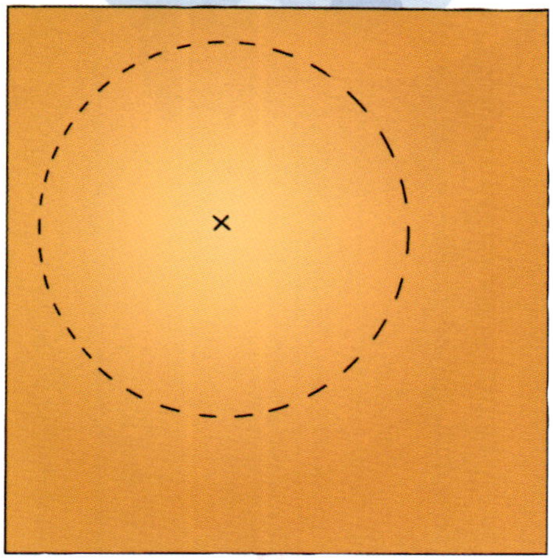

1 Tracez un cercle à l'aide du verre.

2 Dessinez deux cercles plus petits, un au centre de A, l'autre sur son tracé.

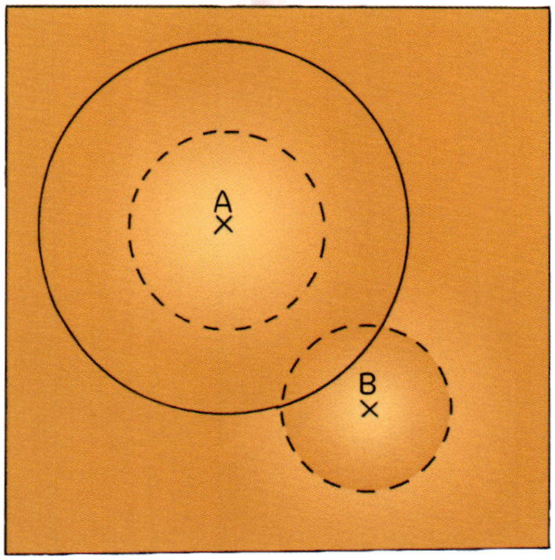

3 Tracez la courbe.

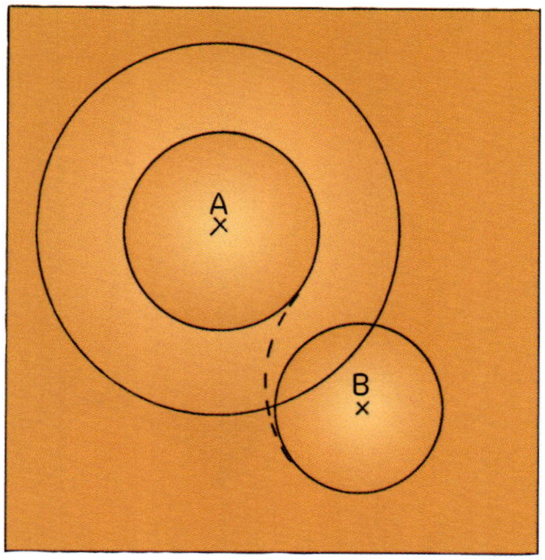

IL VOUS FAUT :

une feuille • un crayon • des ciseaux • une perforette • une paille • un petit verre • des gommettes

4 Découpez sur les pointillés.
Perforez A et B.
Enfilez le décor par le bas de la paille en commençant par la perforation B.

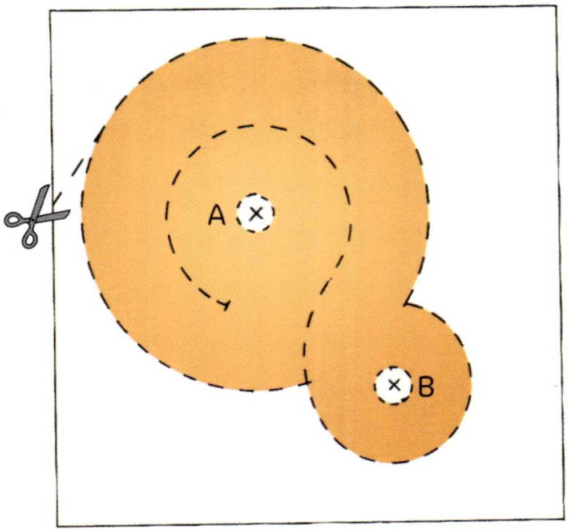

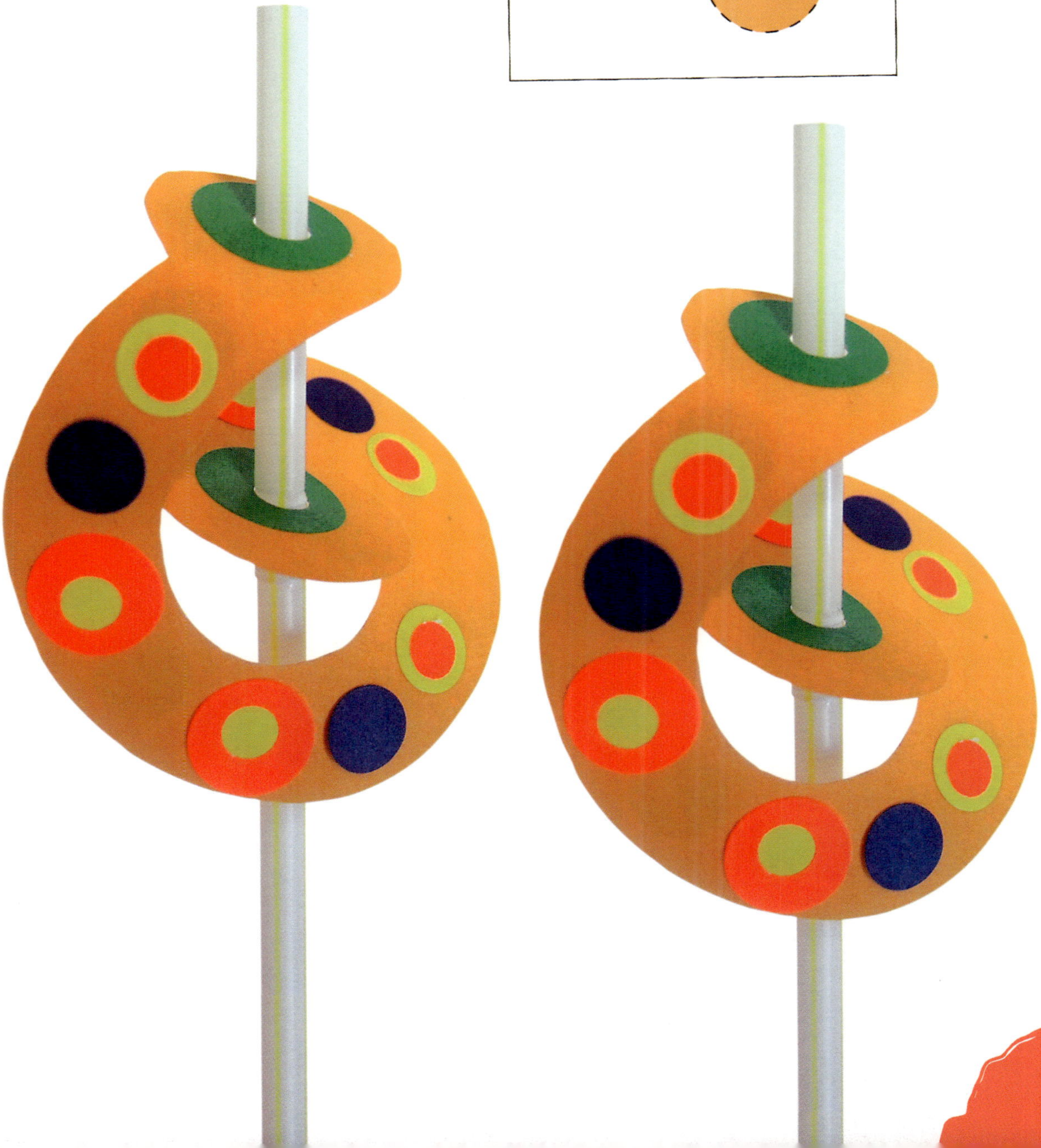

LE PORTE-PAILLES

1 Pliez en deux.

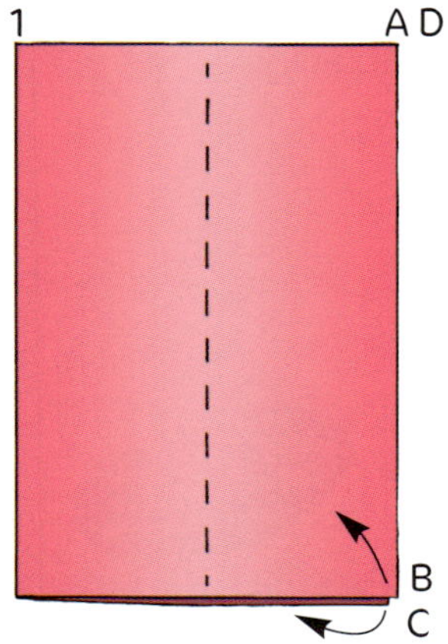

2 Rabattez les côtés AB et DC sur le pli 1 de chaque côté.

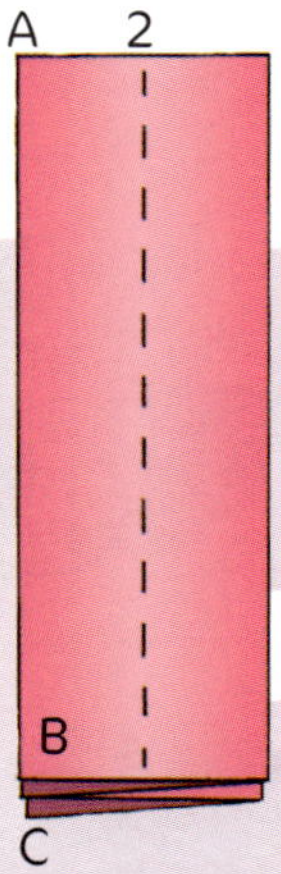

3 Marquez le pli 2 au centre.

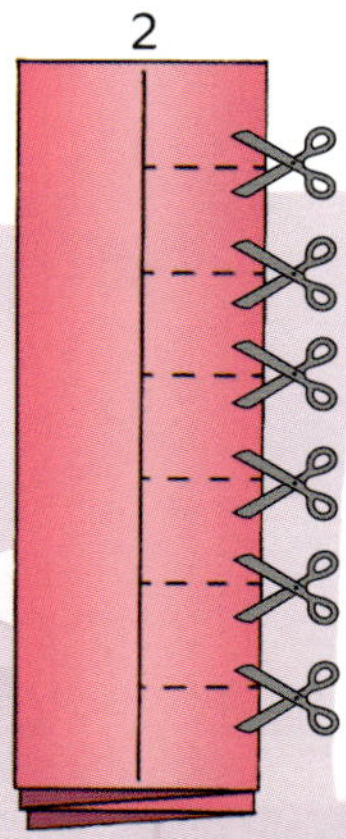

4 Entaillez tous les 2,1 cm jusqu'au pli 2. Dépliez.

IL VOUS FAUT :

une feuille de 21 × 14,85 cm • des ciseaux • des pailles

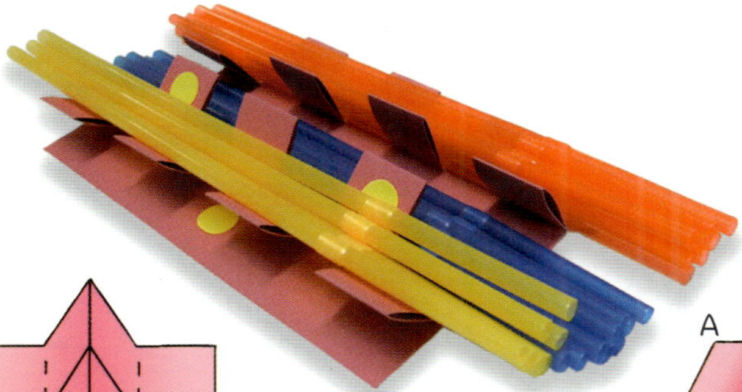

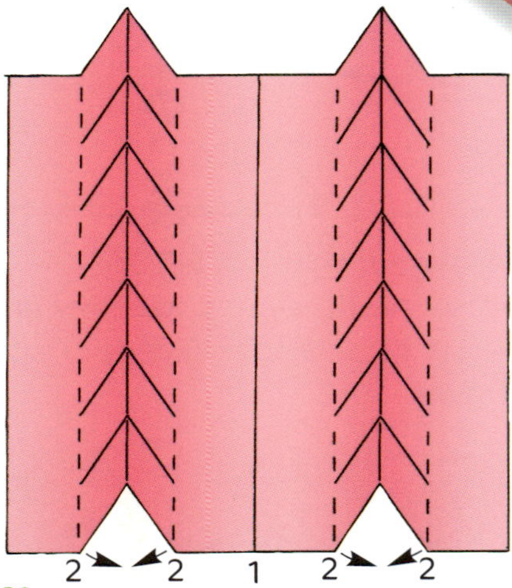

5 Joignez les plis 2 de part et d'autre du pli 1.

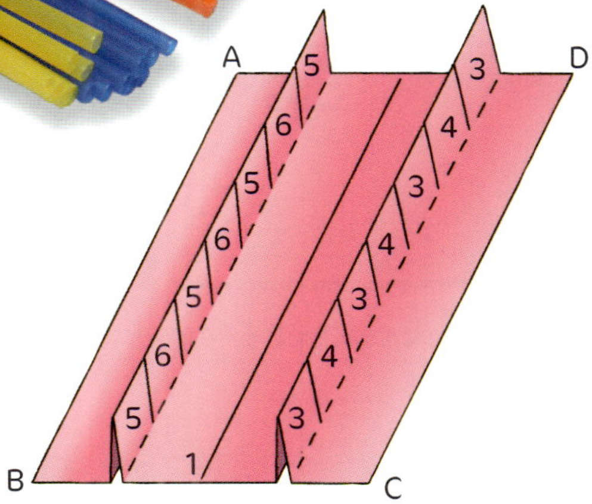

6 Rabattez les bandes 3 sur DC, les bandes 4 et 5 sur le pli 1, et les bandes 6 sur AB,

L'ÉTOILE À 4 BRANCHES

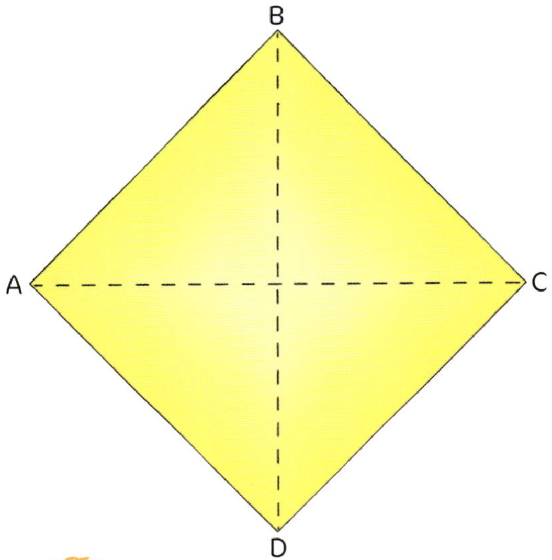

1 Pliez en quatre sur les diagonales.

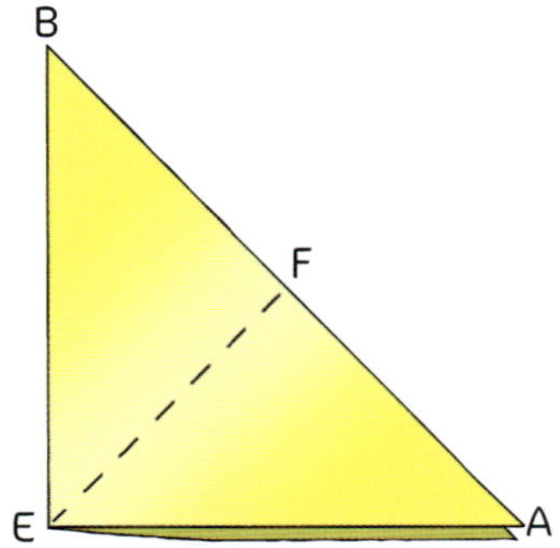

2 Marquez le pli en joignant les angles A et B.

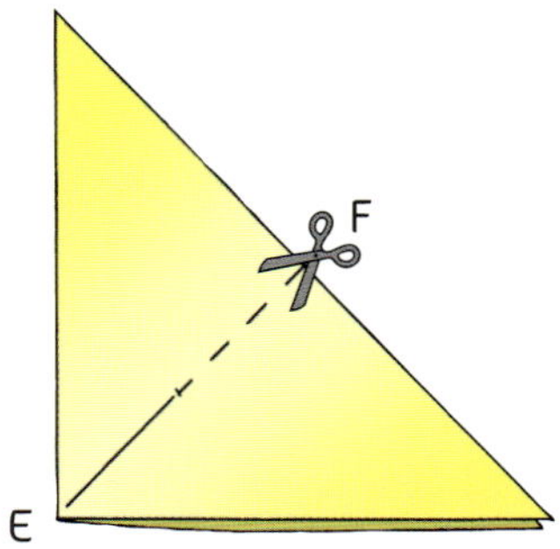

3 Entaillez sur le pli EF jusqu'à la moitié.

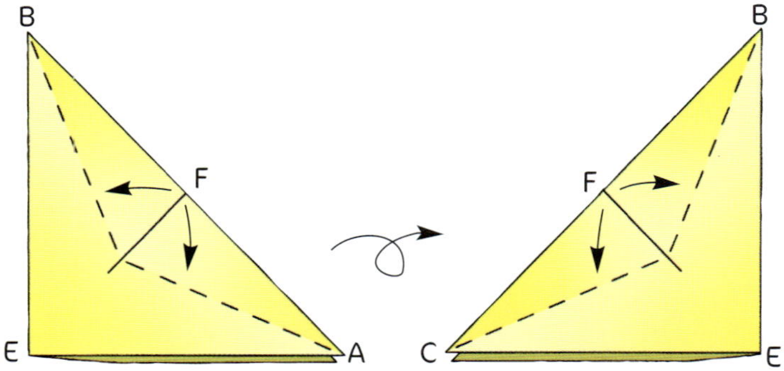

4 Rabattez une épaisseur de BF sur BE, une épaisseur de AF sur AE. Retournez. Rabattez une épaisseur de BF sur BE, une épaisseur de CF sur CE. Ouvrez la figure.

IL VOUS FAUT :

une feuille carrée de 21 x 21 cm • des ciseaux • des gommettes rondes : 4 grandes, 4 moyennes, 4 petites • des gommettes triangulaires : 6 petites et 4 grandes

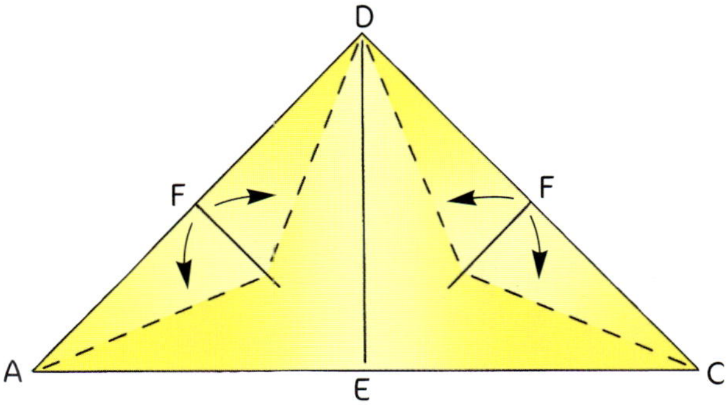

5 Rabattez AF sur AE, DF sur DE, CF sur CE.

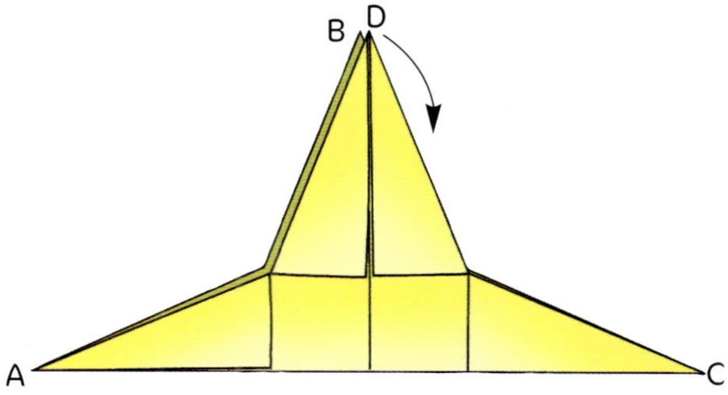

6 Abaissez la pointe D. Décorez votre étoile avec les gommettes. Voici l'étoile !

La boîte pyramide

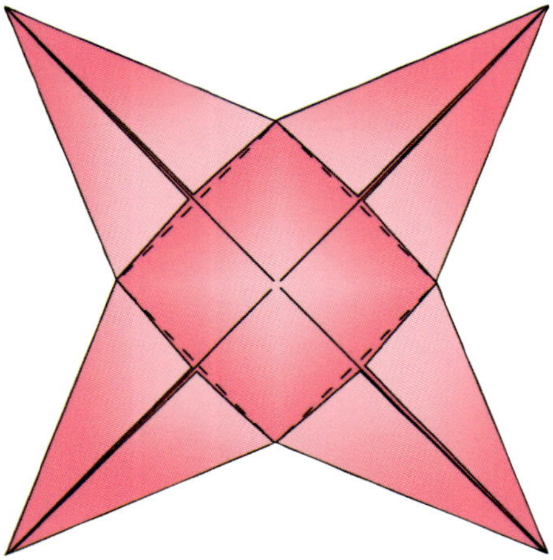

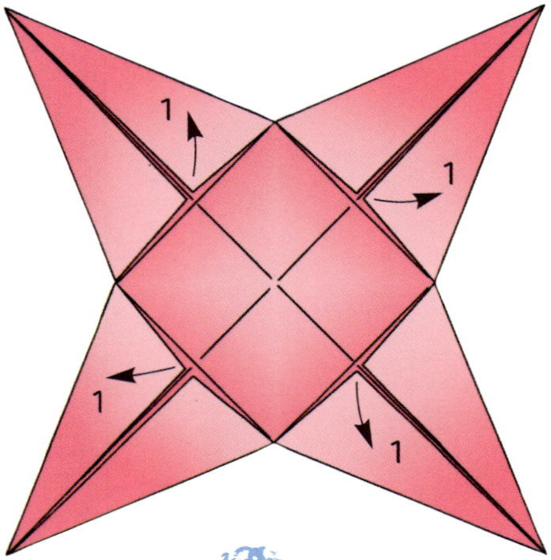

1 Marquez fortement les plis au niveau des pointillés.

2 Ouvrez les côtés 1.

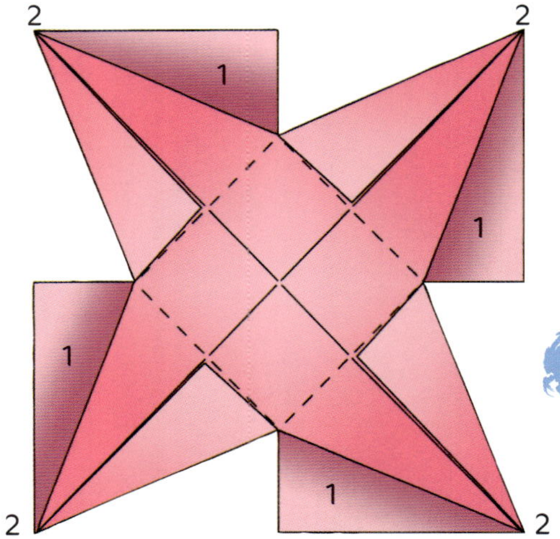

3 Redressez les pointes 2 et joignez-les en gardant les côtés 1 à l'extérieur.

IL VOUS FAUT :

une « étoile à quatre branches » (voir p. 66) • quatre gommettes

4 Introduisez votre surprise à l'intérieur, joignez les pointes et collez des gommettes pour verrouiller et décorer la pyramide !

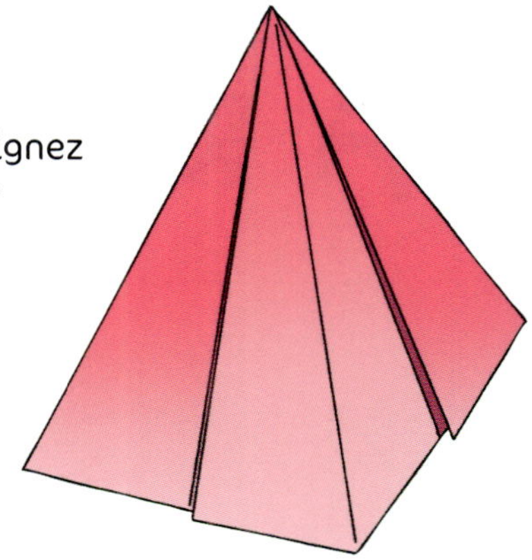

LA RONDE

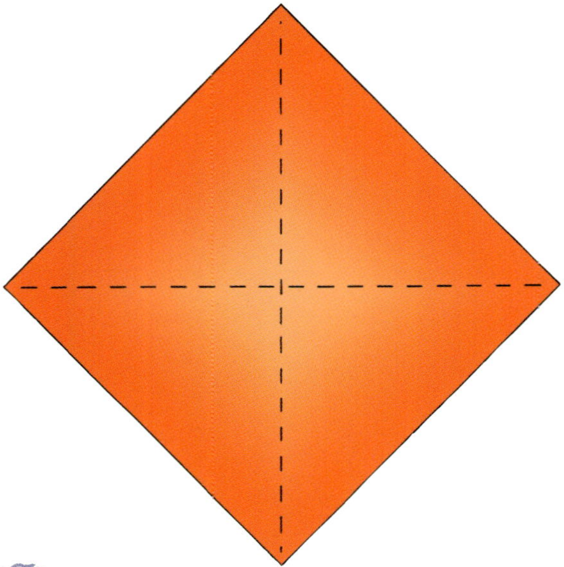

1 Pliez en quatre sur les diagonales.

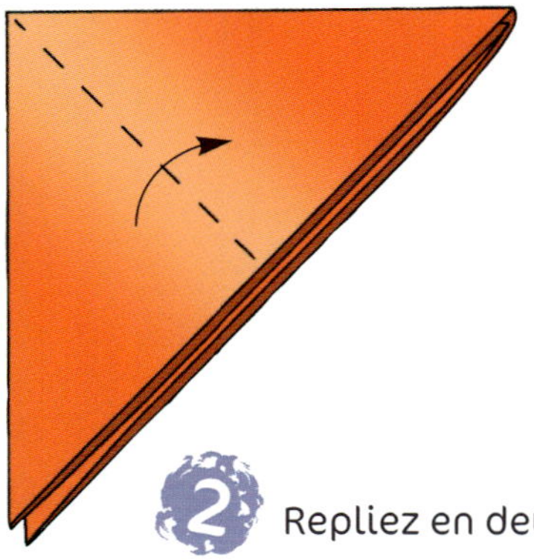

2 Repliez en deux.

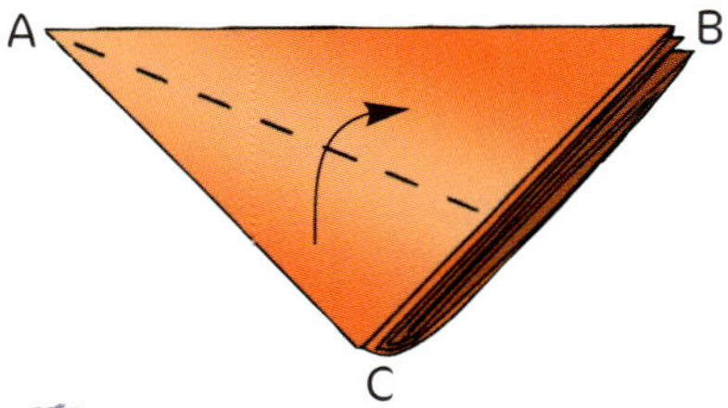

3 Rabattez AC sur AB.

4 Tracez les traits de coupe (patron p. 119).
Découpez puis dépliez tout.

IL VOUS FAUT :
une feuille carrée de 21 x 21 cm • un crayon • des ciseaux

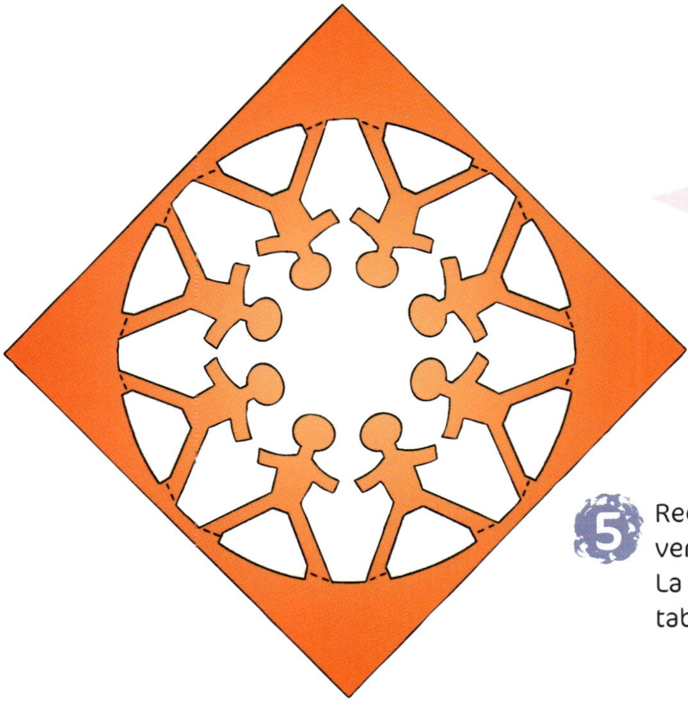

5 Redressez les personnages à la verticale, en suivant les pointillés. La « ronde » est prête à décorer votre table !

La boîte aux angles cœurs

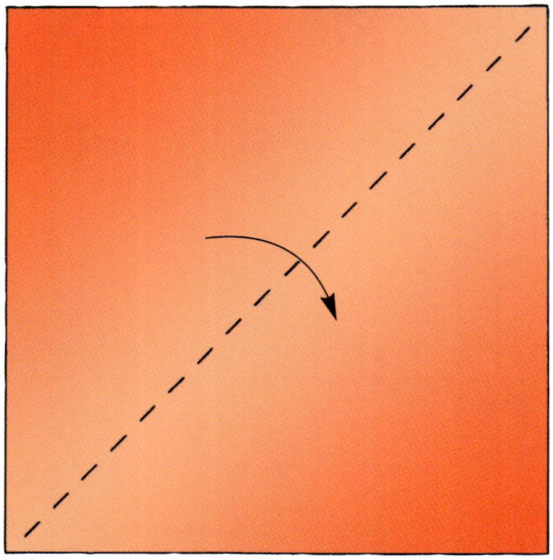

1 Marquez le pli diagonal.

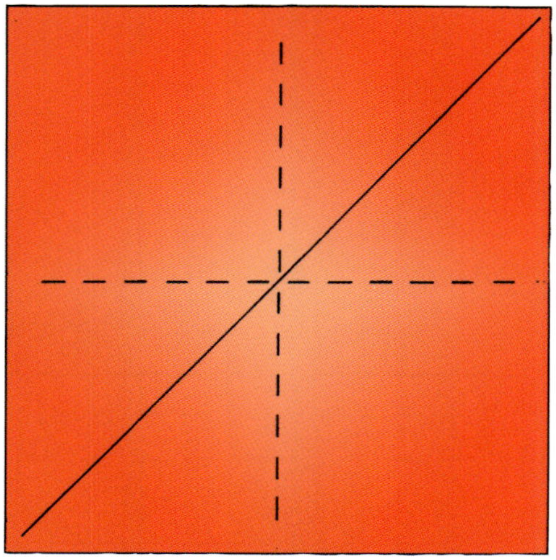

2 Pliez en quatre.

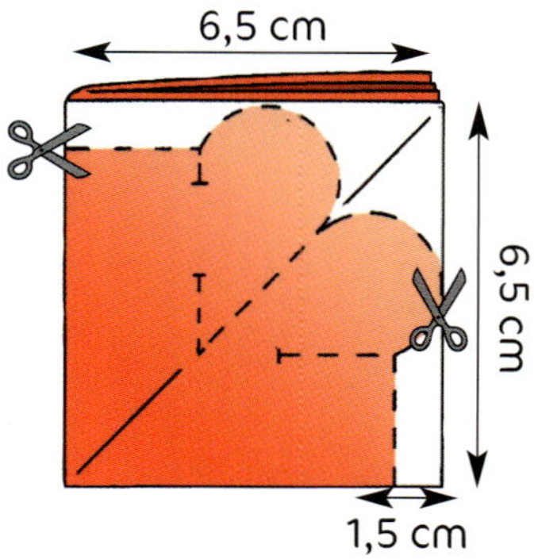

3 Tracez les traits de coupe (patron p. 112). Découpez et entaillez sur les pointillés. Dépliez tout.

IL VOUS FAUT :

une feuille carrée de 21 x 21 cm • un crayon • des ciseaux • des gommettes

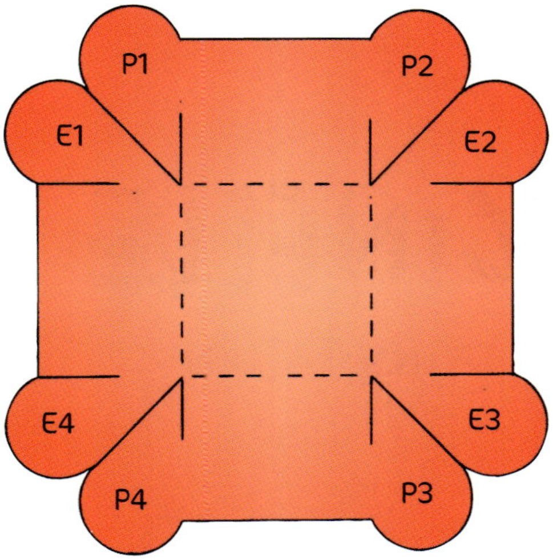

4 Marquez les plis sur les tirets. Redressez les côtés. Emboîtez les entailles par paire en courbant P et E. Décorez avec des gommettes. La boîte est prête à recevoir vos petits trésors !

La carte coccinelle

Carte d'anniversaire ou d'invitation

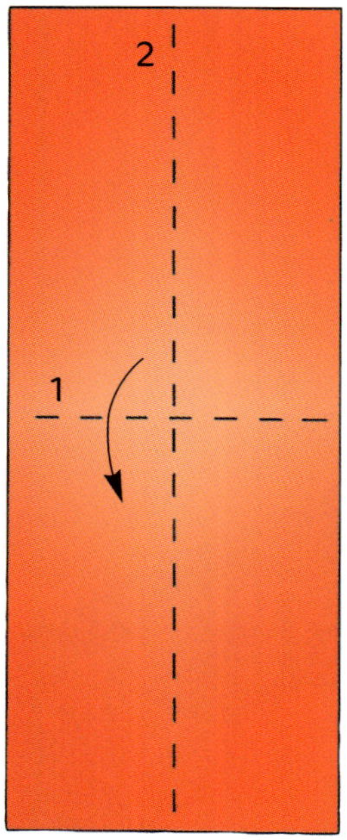

1 Pliez en quatre en commençant par le pli 1.

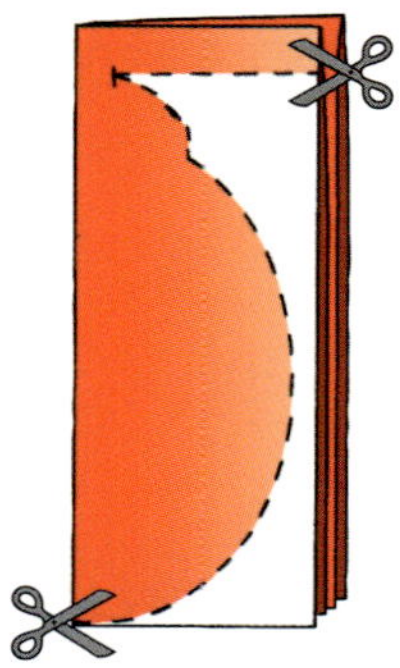

2 Tracez le trait de coupe (patron p. 115). Puis dépliez une fois.

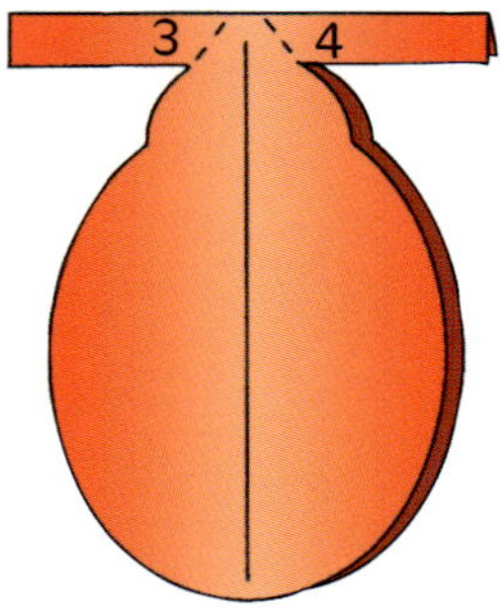

3 Marquez les plis 3 et 4.

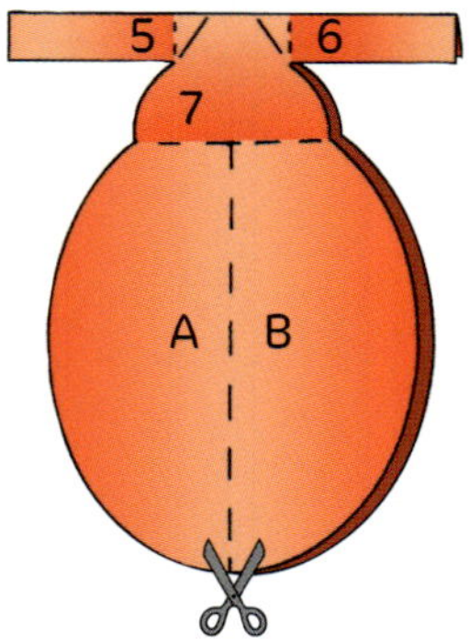

4 Marquez les plis 5 et 6, puis le pli 7 en soulevant une épaisseur de AB, que vous entaillerez sur le pli central jusqu'au pli 7.

Il vous faut :

une feuille carrée de 26 x 10,5 cm • un crayon • des ciseaux • des gommettes rondes (autant que d'années à fêter!) • quatre gommettes rondes: deux moyennes blanches • deux petites noires (pour les yeux)

Faites un dessin-surprise ou écrivez un petit texte, puis abaissez les ailes !

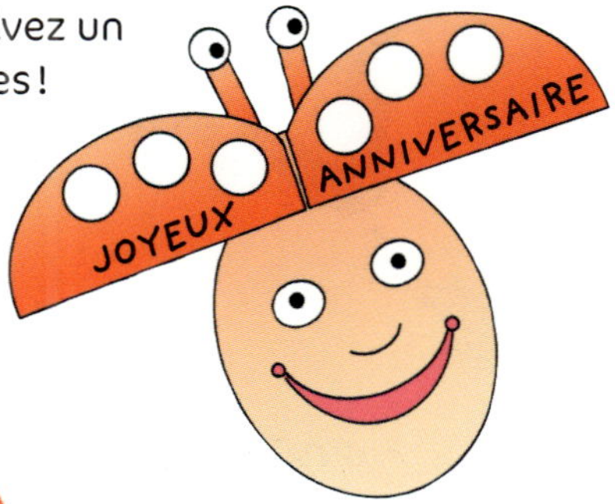

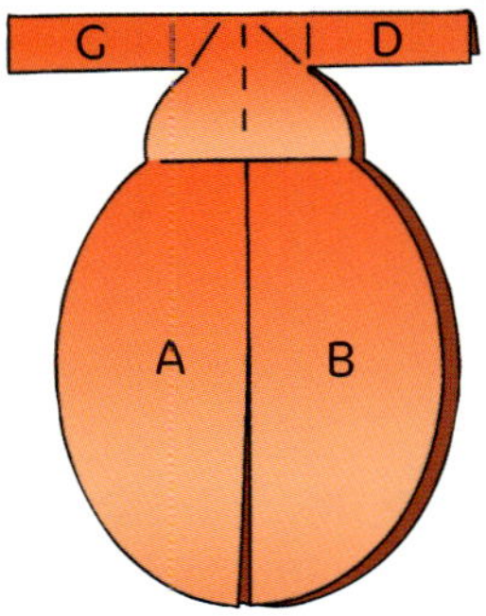

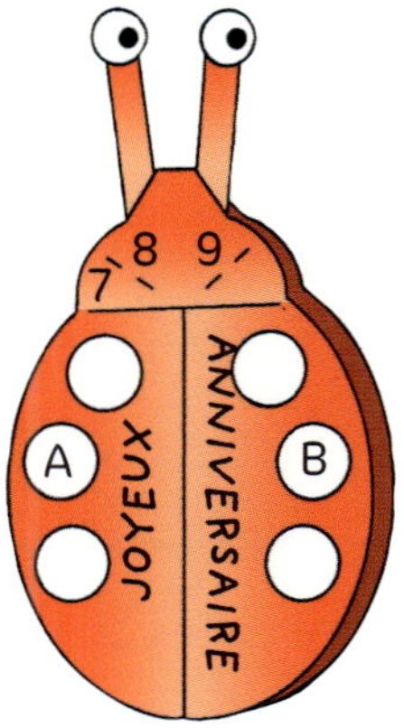

5 Rabattez le côté A sur le côté B. L'antenne G s'abaisse, aplatissez-la puis repliez-la vers le haut, dépliez A. Refaites toutes les opérations symétriquement en rabattant le côté B sur le côté A.

6 Collez les points sur les ailes, collez les yeux, écrivez votre message. Relevez l'aile A en suivant le pli 8, puis repliez vers l'extérieur sur le pli 7. Relevez l'aile B en suivant le pli 9, puis repliez vers l'extérieur sur le pli 7.

La poulette qui caquette

OUVREZ ET FERMEZ LA CARTE POUR FAIRE CAQUETER LA POULETTE !

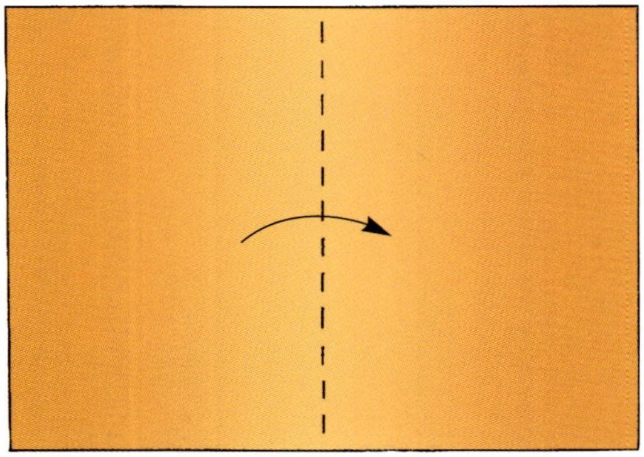

1 Pliez en deux.

2 Tracez le trait de coupe. Entaillez dessus.

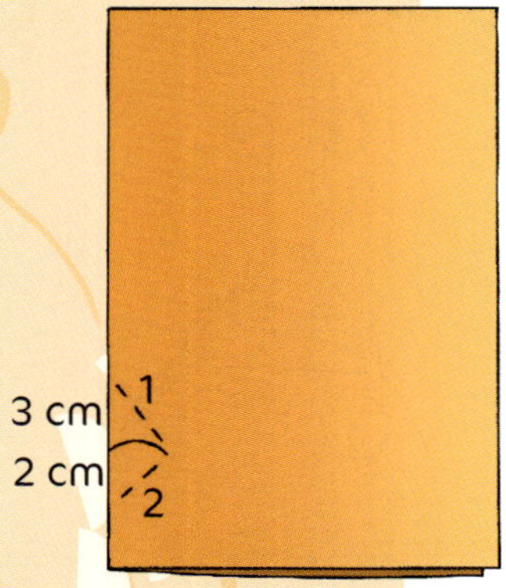

3 Marquez les plis 1 et 2.

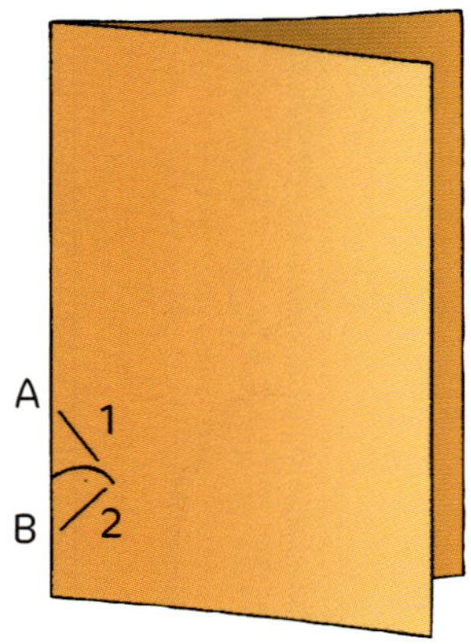

4 Ouvrez légèrement, faites entrer A et B à l'intérieur en pliant sur 1 et2.

IL VOUS FAUT :

une feuille de 21 x 15 cm • un crayon •des ciseaux • deux œillets blancs et deux petites gommettes rondes noires (pour les yeux) • trois gommettes gouttes rouges (pour la crête) • deux petites gommettes rondes rouges (pour les barbillons) • quinze gommettes rondes blanches coupées en deux (pour les plumes) • des feutres

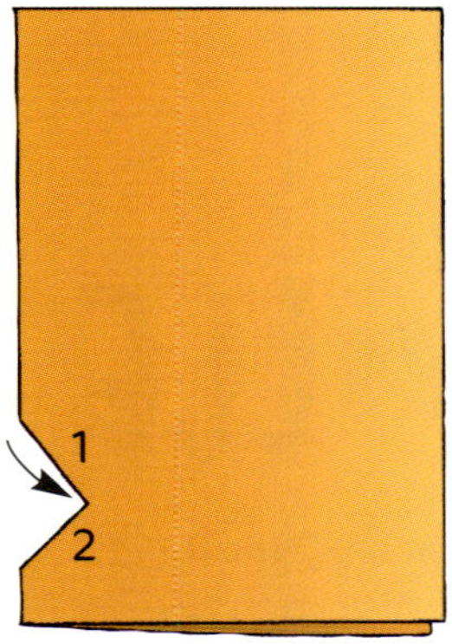

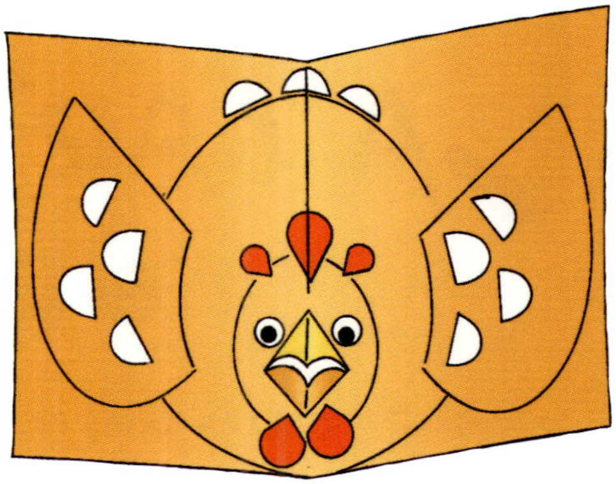

5 Marquez fortement les plis 1 et 2, puis ouvrez la carte.

6 Dessinez le corps de la poulette. Collez les gommettes rondes noires et les œillets pour les yeux, les gommettes gouttes pour la crête et les gommettes rondes rouges pour les barbillons. Collez les demi-gommettes rondes blanches pour faire les plumes.

La carte grenouille

OUVREZ ET FERMEZ LA CARTE POUR FAIRE COASSER LA GRENOUILLE !

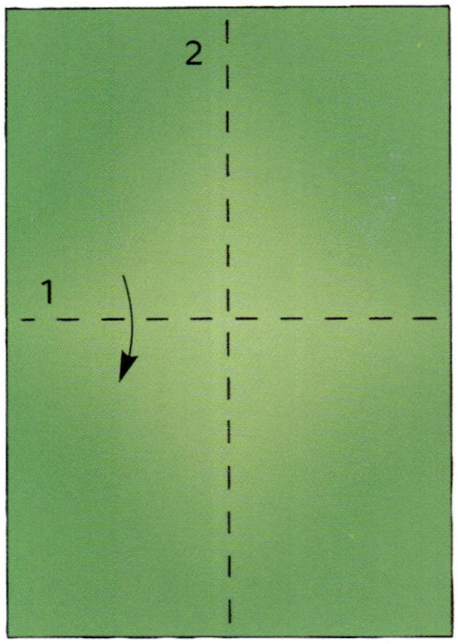

1 Marquez le pli 1, puis pliez en deux sur le pli 2.

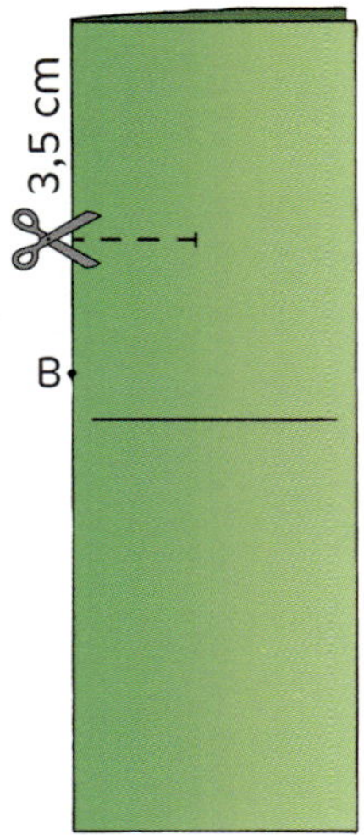

2 Faites une entaille à 3,5 cm. Tracez le point B.

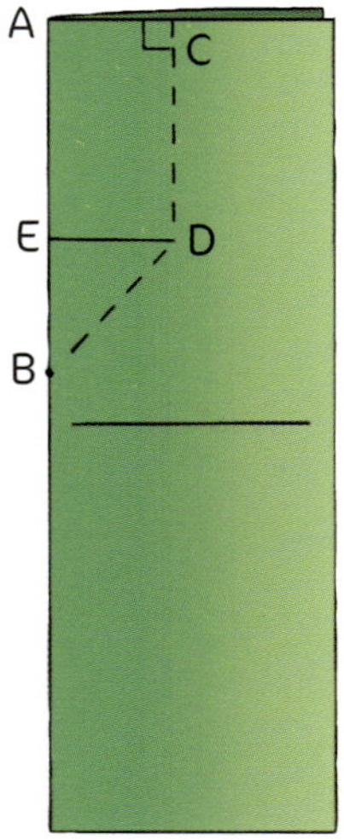

3 Marquez les plis CD et BD.

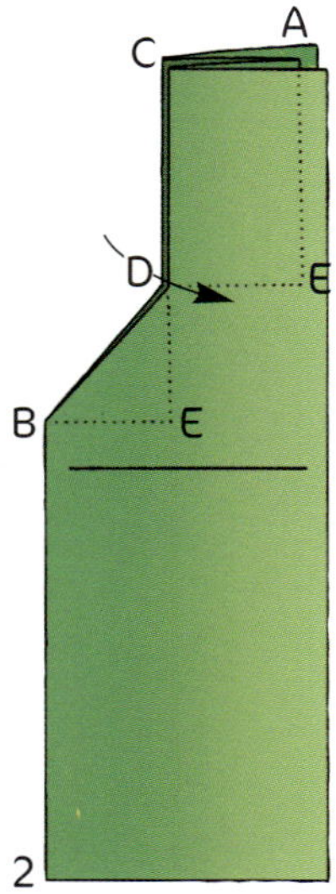

4 Ouvrez légèrement, et poussez à l'intérieur AE et EB. Marquez les plis BD et CD. Ouvrez sur le pli 2.

IL VOUS FAUT :

une feuille verte de 21 x 14,85 cm (format A5) • des ciseaux • deux œillets blancs et deux petites gommettes rondes noires (pour les yeux) • des feutres ou des gommettes (pour le corps)

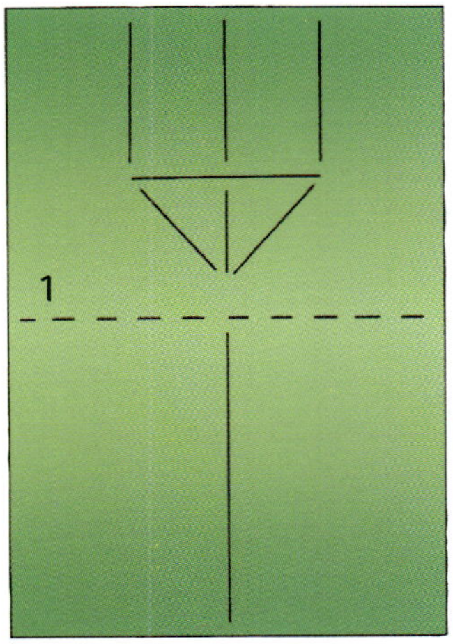

5 Repliez en deux sur le pli 1 vers l'arrière.

6 Collez les yeux (gommettes rondes noires, puis œillets blancs). Dessinez les pattes (ou utilisez des gommettes).

La carte poissons bulle

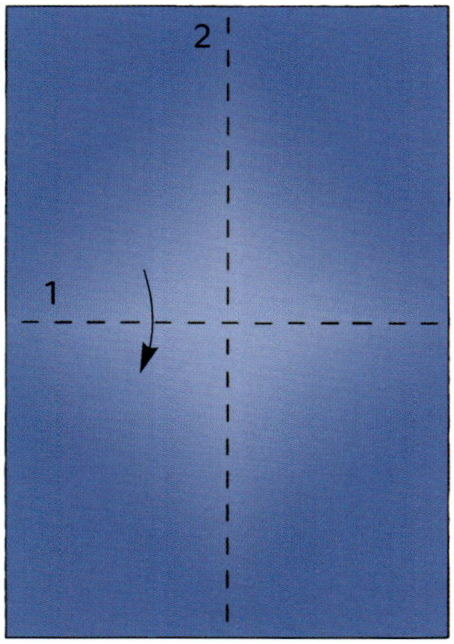

1 Marquez le pli 1, puis pliez en deux sur le pli 2.

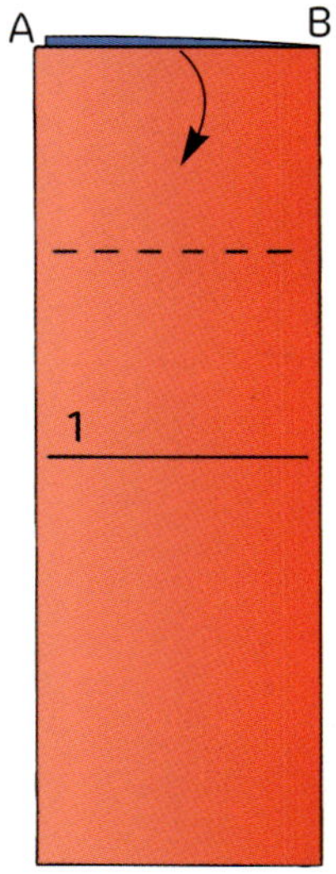

2 Rabattez AB sur le pli 1.

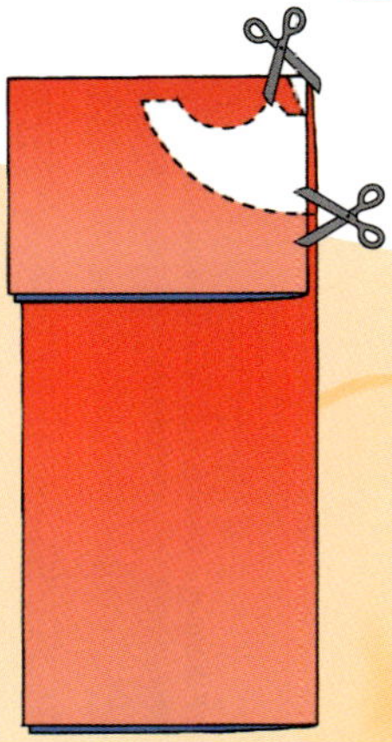

3 Dessinez le trait de coupe (patron p. 121). Découpez dessus puis déplier tout.

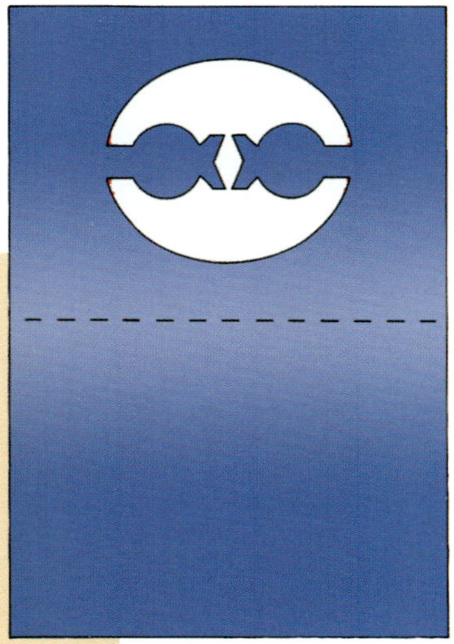

4 Pliez en deux.

IL VOUS FAUT :
une feuille bicolore recto verso de 21 x 29,7 cm • un crayon • des ciseaux • deux gommettes rondes (pour les yeux) • des feutres

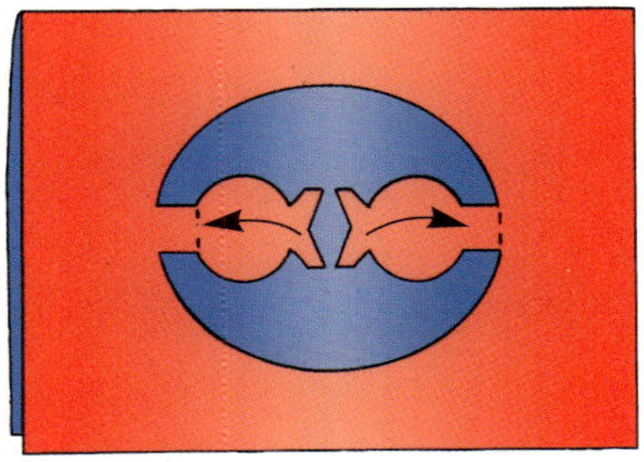

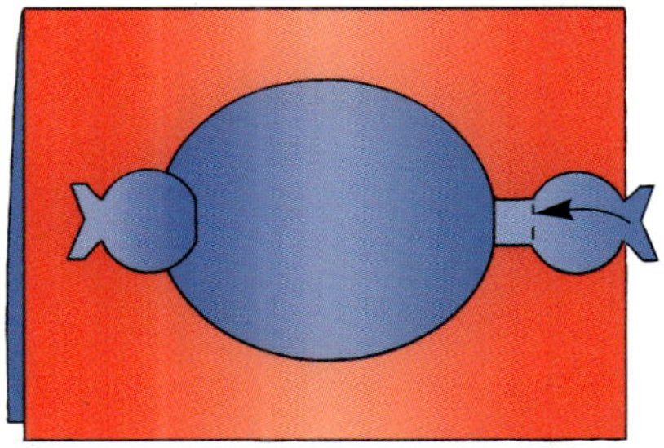

5 Repliez les poissons vers l'extérieur en pliant sur les tirets.

6 Rabattez le poisson vers l'intérieur. Décorez.

La carte flocon

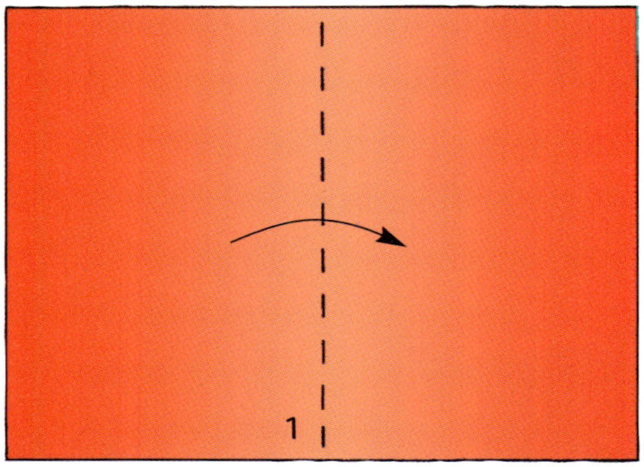

1 Marquez le pli 1.

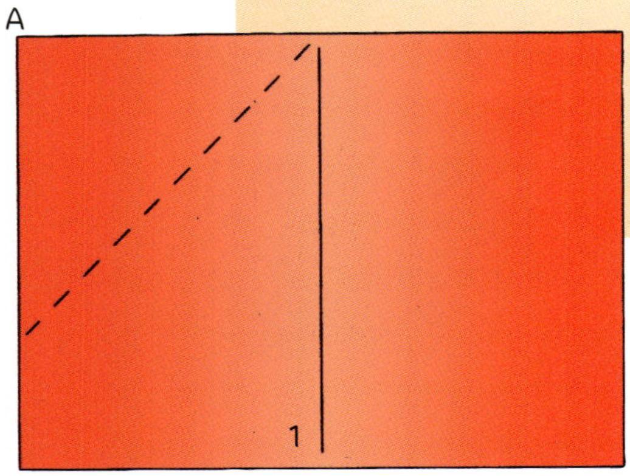

2 Rabattez l'angle A sur le pli 1.

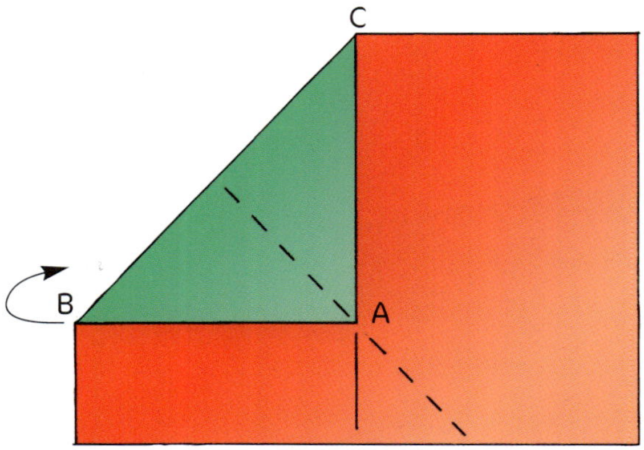

3 Rabattez B sur C vers l'arrière.

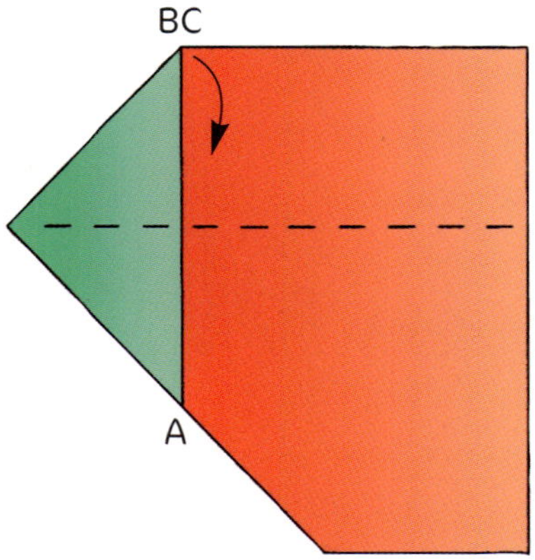

4 Rabattez BC sur A.

IL VOUS FAUT :
une feuille bicolore recto verso de 21 x 15 cm • un crayon • des ciseaux

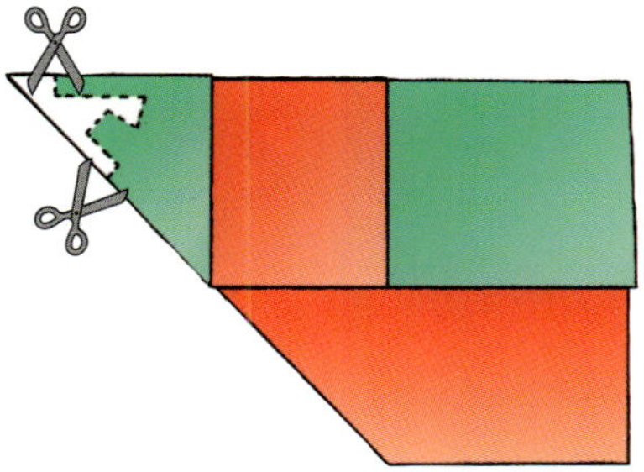

5 Tracez (patron p. 114) puis découpez et dépliez tout.

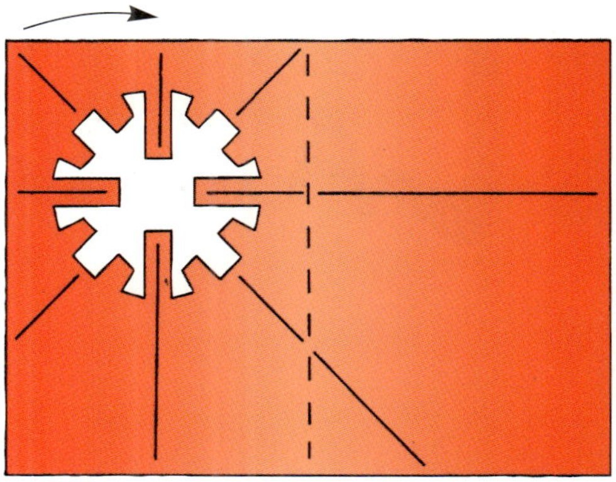

6 Pliez en deux vers la droite.

La carte cœurs

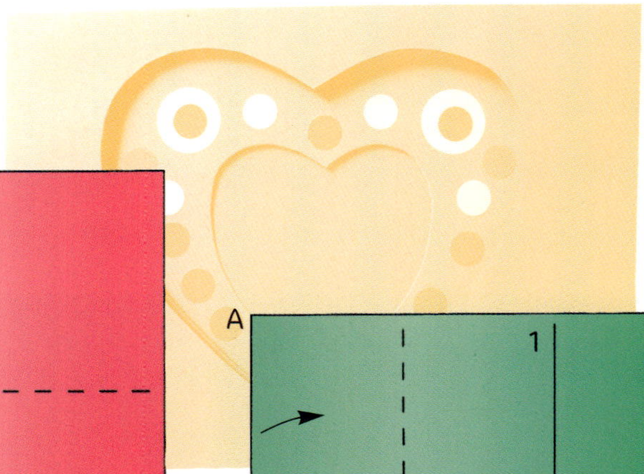

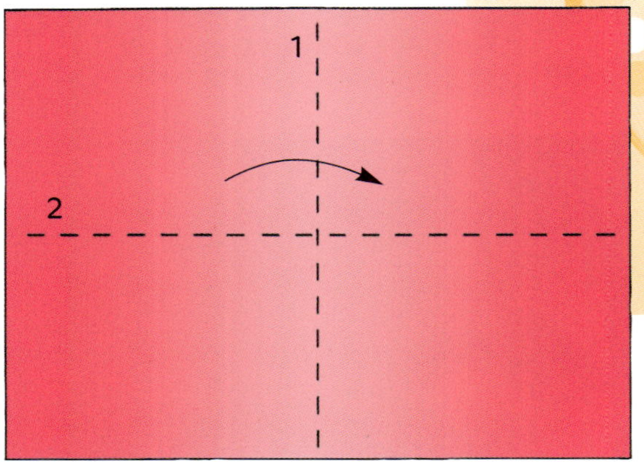

2 Rabattez AB sur le pli 1.

1 Marquez le pli 1, puis pliez sur le pli 2.

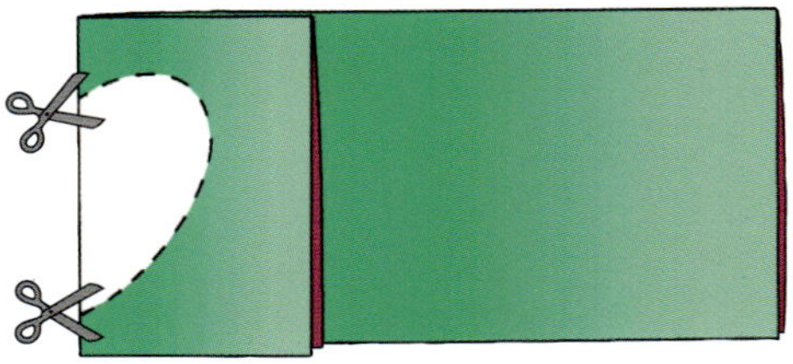

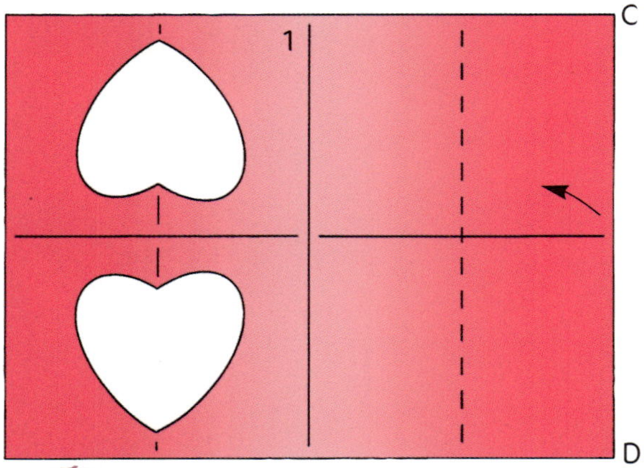

3 Dessinez, découpez sur le trait. Dépliez tout.

4 Rabattez CD sur le pli 1.

Il vous faut :

une feuille bicolore recto verso de 21 x 29,7 cm • un crayon • des ciseaux

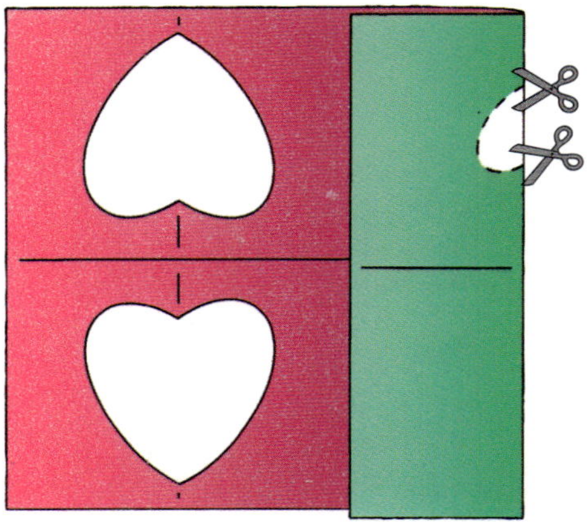

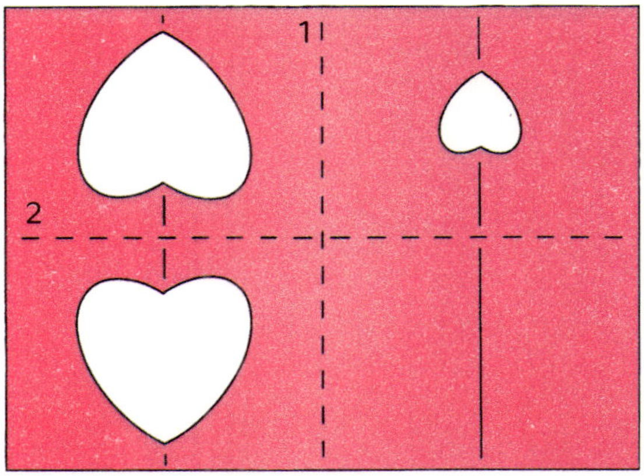

5 Tracez, découpez sur le trait, puis dépliez.

6 Repliez en quatre en commençant par le pli 2.

La carte cœur oriental

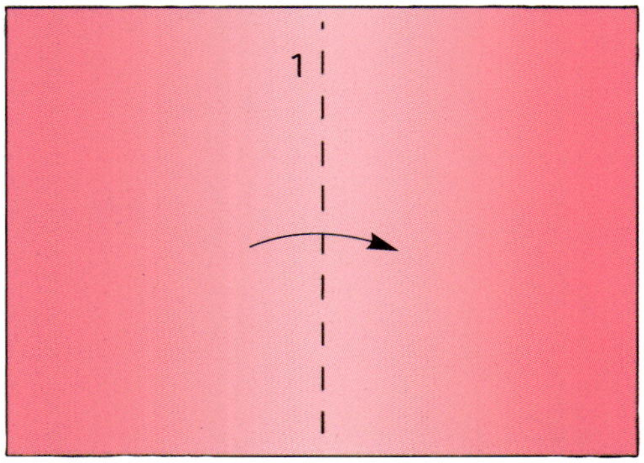

1 Marquez le pli 1 au centre.

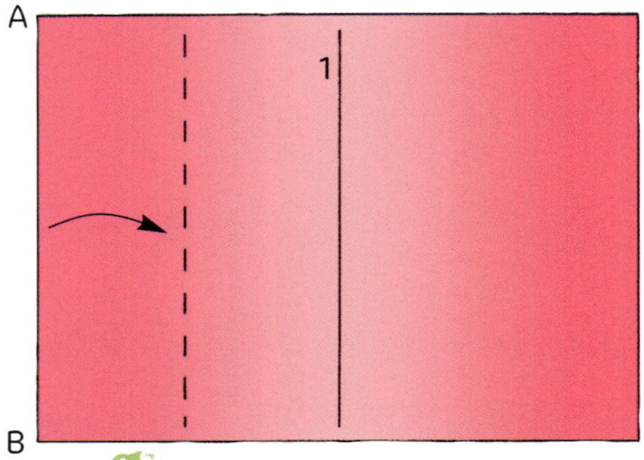

2 Rabattez AB sur le pli 1.

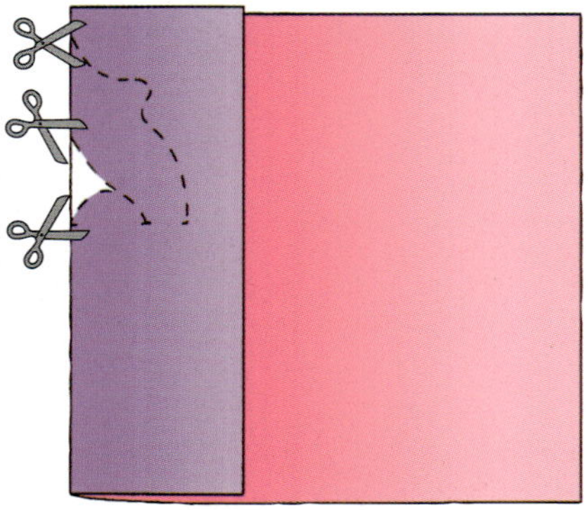

3 Tracez (patron p. 116), entaillez, découpez, puis dépliez.

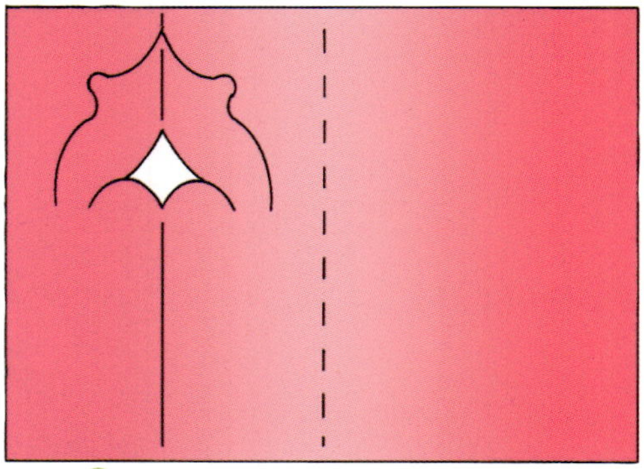

4 Pliez en deux.

IL VOUS FAUT :

une feuille bicolore recto verso de 21 x 15 cm • un crayon • des ciseaux

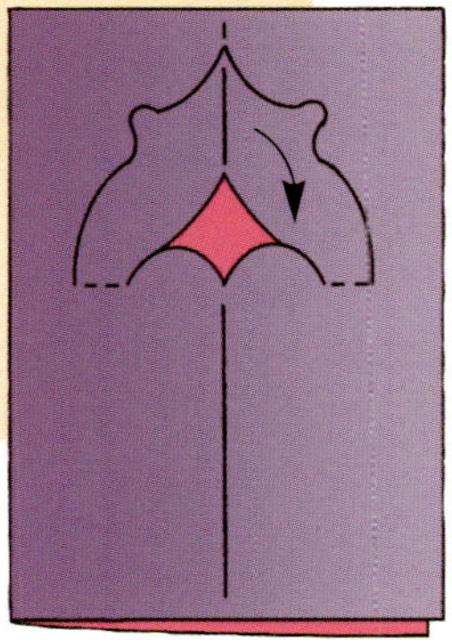

5 Pliez vers le bas en suivant les pointillés.

La carte à l'arc double

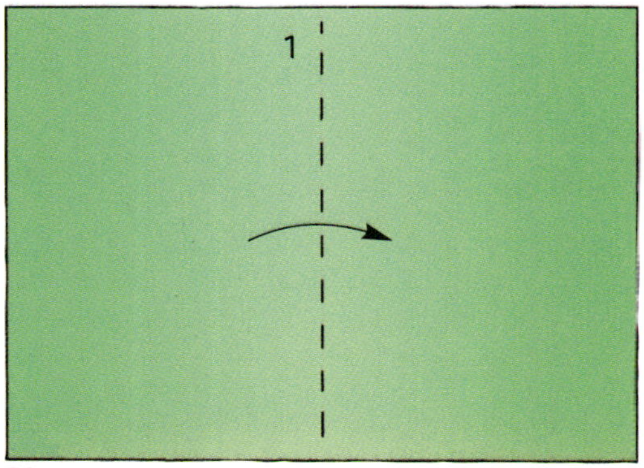

1 Marquez le pli 1 au centre.

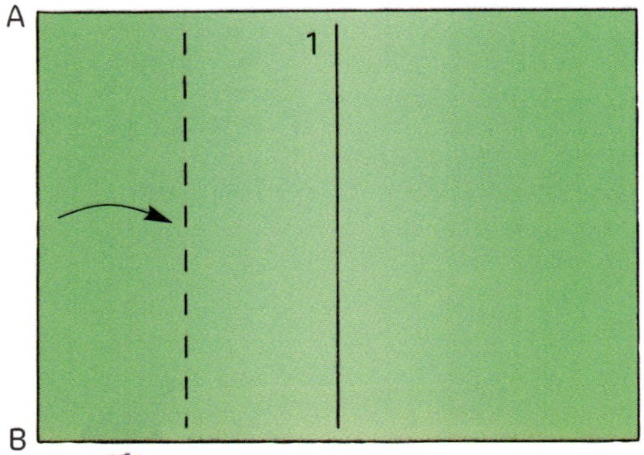

2 Rabattez AB sur le pli 1.

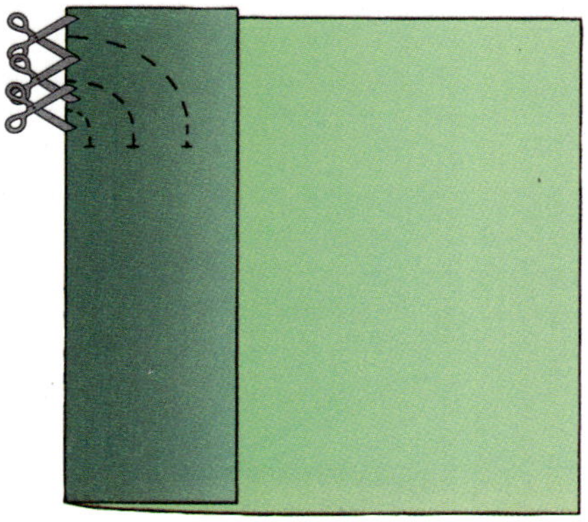

3 Tracez, entaillez, puis dépliez.

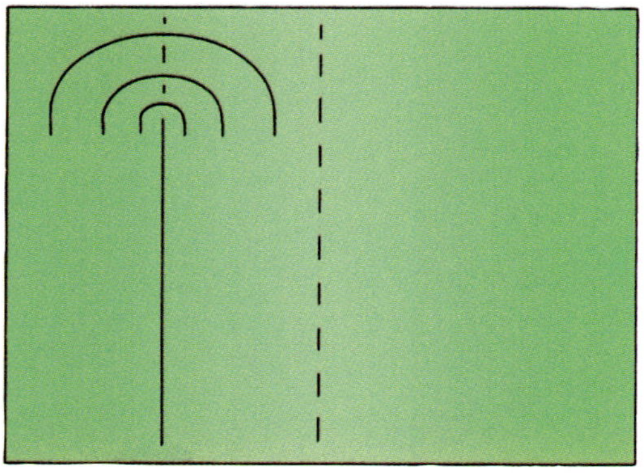

4 Pliez en deux.

IL VOUS FAUT :
une feuille bicolore recto verso de 21 x 15 cm • un crayon • des ciseaux

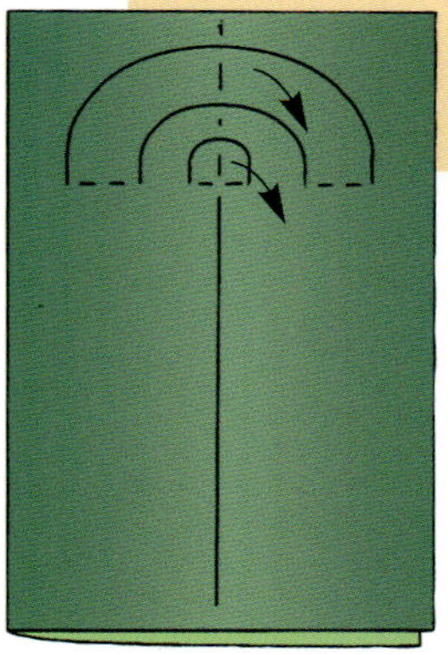

5 Pliez vers le bas en suivant les pointillés.

La carte animée anniversaire

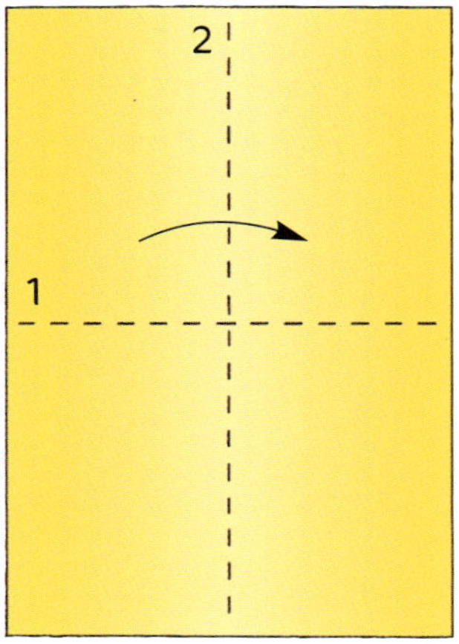

1 Marquez au centre les plis 1 et 2.

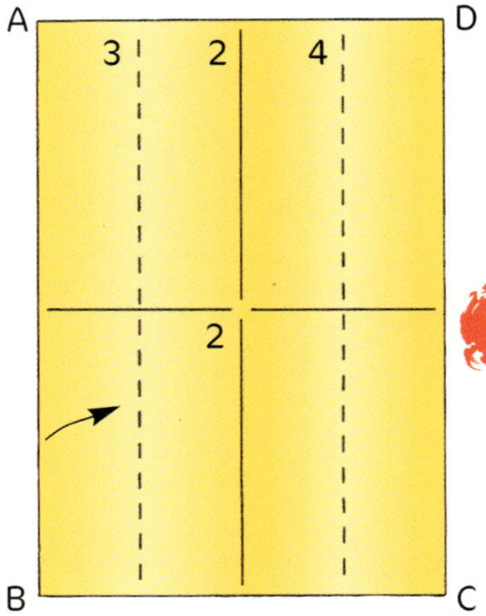

2 Marquez les plis 3 et 4 en rabattant AB et CD sur le pli 2. Pliez en deux, en joignant AB et CD.

3 Tracez (patron p. 113), entaillez, découpez sur les traits. Dépliez

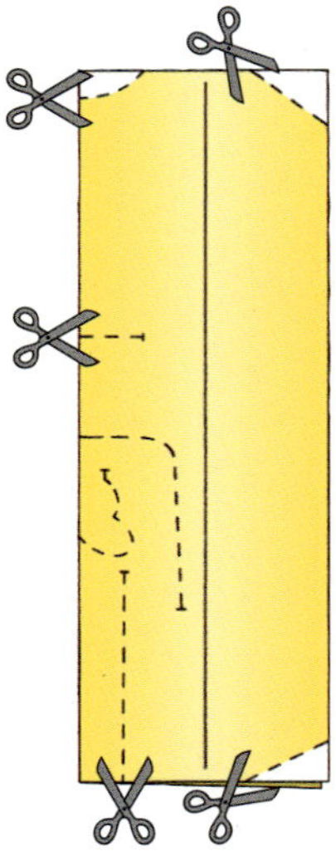

4 Pliez en deux tout en glissant le ruban dans la fente.

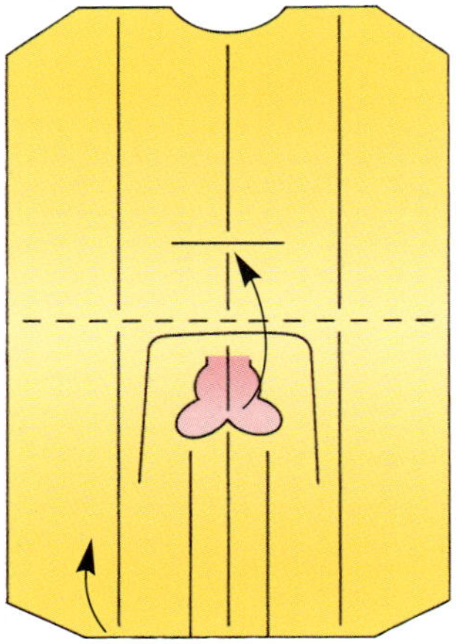

Il vous faut :

une feuille de 21 x 29,7 cm • un crayon • des ciseaux des feutres

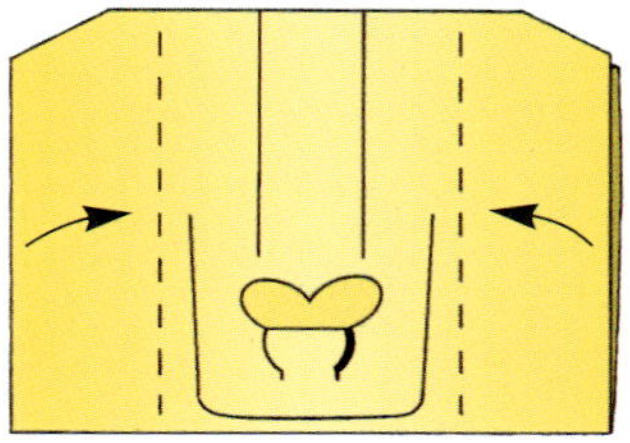

5 Rabattez les côtés sur le pli central 2. Retournez. Le mécanisme de la carte est terminé.

6 Dessinez le paquet cadeau, tirez la tirette et dessinez la surprise !

La carte surprise

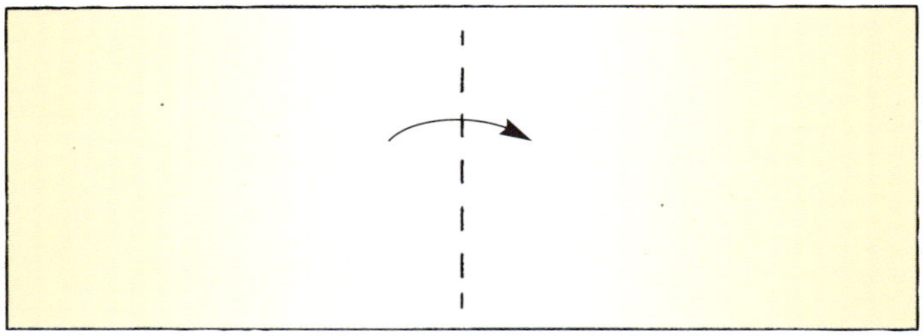

1 Pliez en deux.

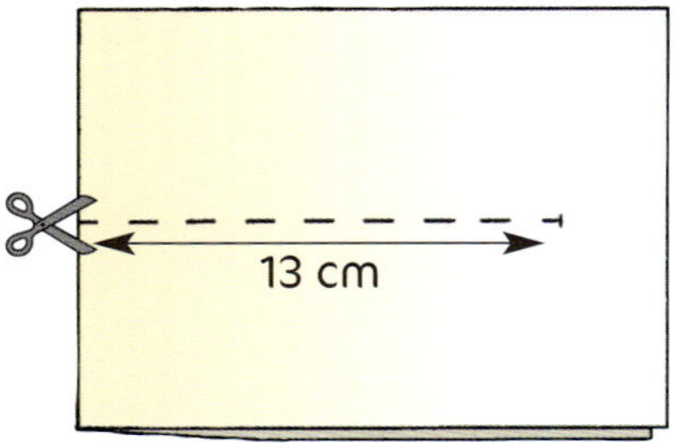

2 Entaillez sur 13 cm.

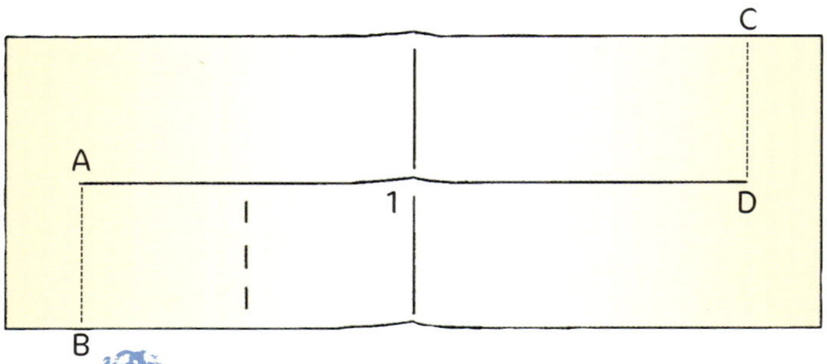

3 Pliez la bande du bas, du pli 1 sur AB.

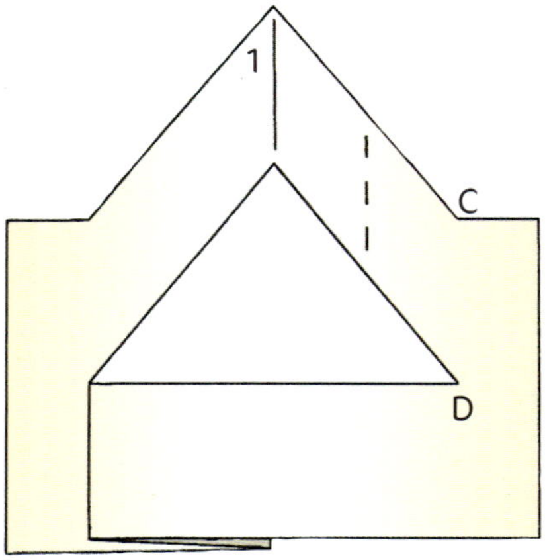

4 Pliez la bande du haut du pli 1 sur CD.

Il vous faut :
une feuille de papier fort de 29,7 x 10,5 cm • un crayon • des ciseaux • des feutres

5 Dessinez un personnage ou un animal. Dépliez la carte et complétez votre image.

Tenez la carte de chaque côté, rapprochez et écartez les mains l'une de l'autre pour animer la carte surprise.

La coupe des champions

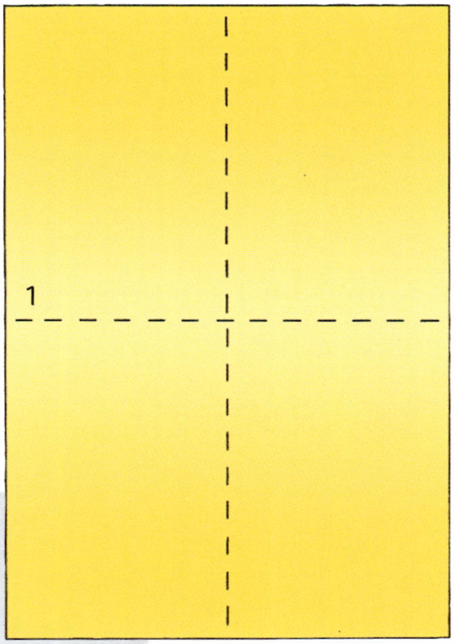

1 Pliez en quatre en commençant par le pli 1.

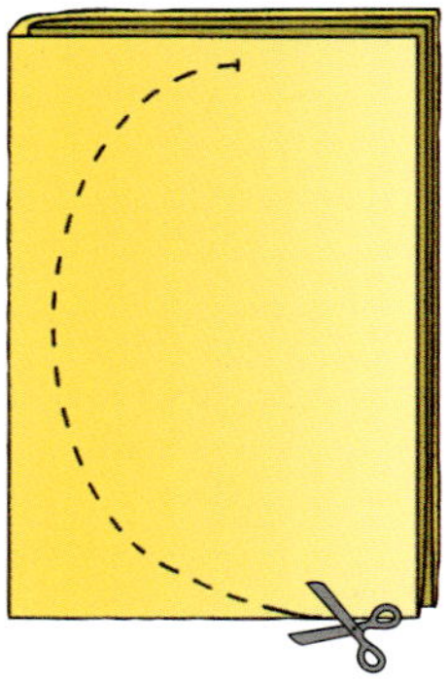

2 Posez votre pliage comme sur le dessin. Tracez, entaillez, et dépliez une fois.

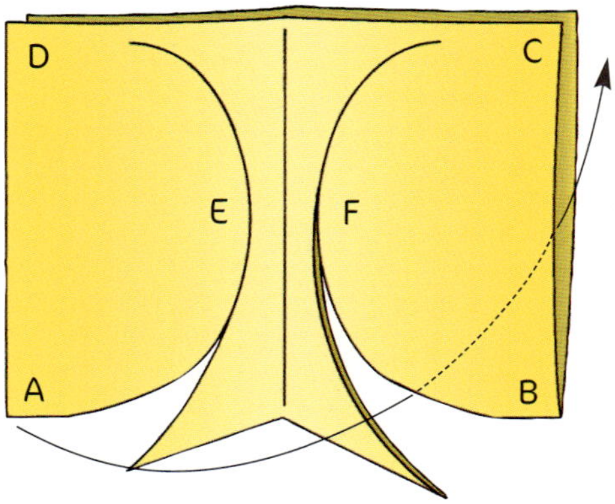

3 Rabattez A vers C et B vers D en orientant E et F vers le bas. Glissez A à l'intérieur de B jusqu'à faire dépasser A et D de B et C. Puis cachez A D dans BC. Écrivez le texte de votre choix. Décorez la coupe avec les gommettes. Retournez.

IL VOUS FAUT :

une feuille de 21 x 29,7 cm • un crayon • des ciseaux • des feutres • des gommettes

4 Pliez suivant les pointillés. Pincez de haut en bas le pli G pour rendre le pied de la coupe rigide. La coupe est terminée : offrez-la à votre champion !

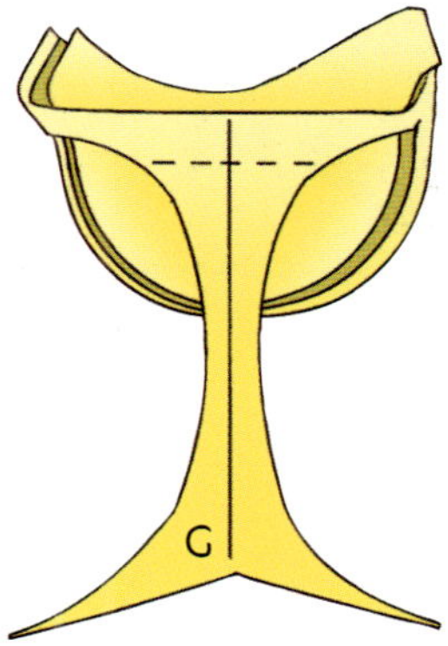

La tulipe

Décor de Pâques

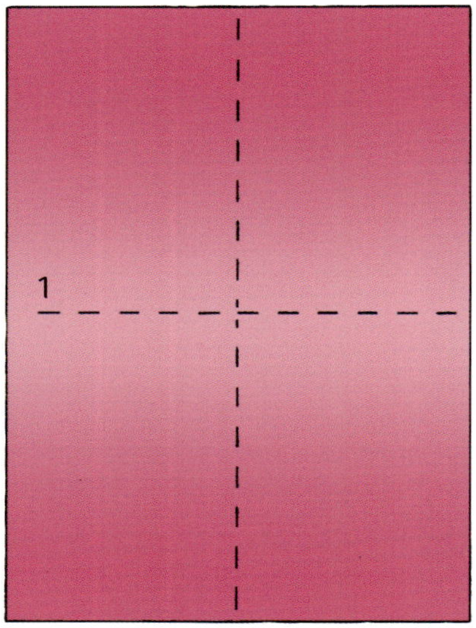

1 Pliez en quatre en commençant par le pli 1.

2 Tracez les traits (patron p. 121), entaillez, découpez et dépliez tout.

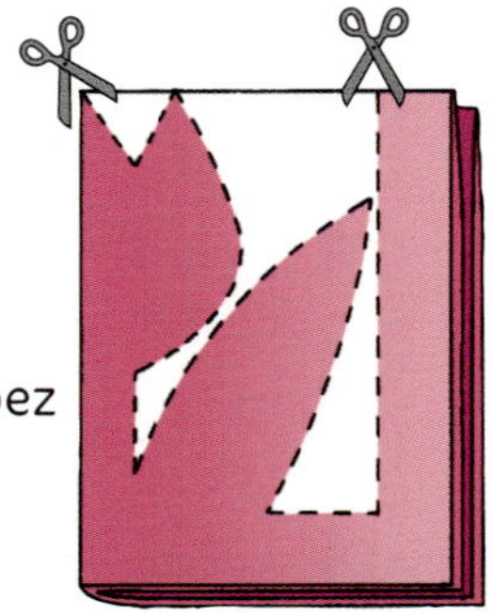

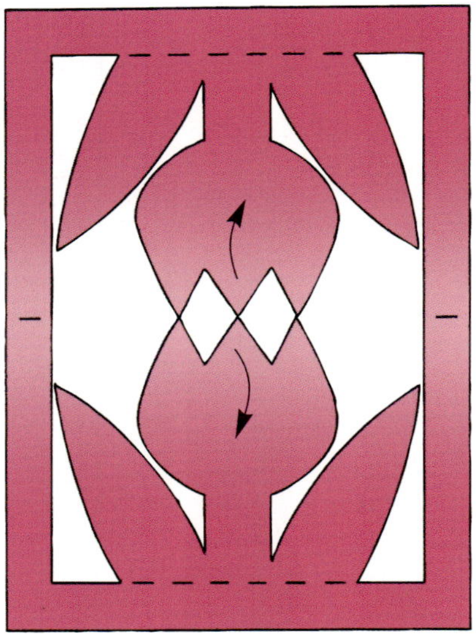

3 Pliez les fleurs vers l'extérieur.

Il vous faut :
une feuille de 21 x 15 cm • un crayon • des ciseaux

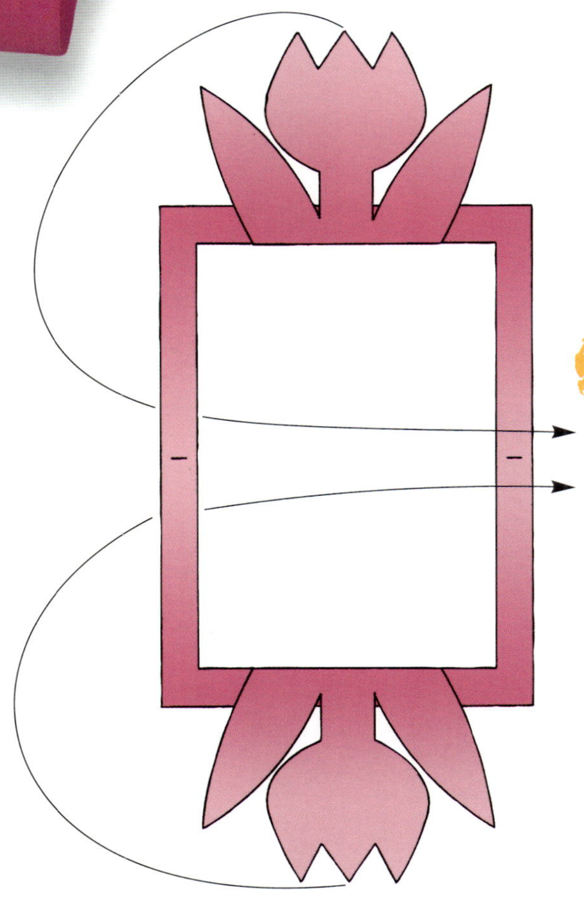

4 Faites basculer les tulipes autour du cadre pour les faire ressortir dans le rectangle.

Les amoureux

ou quelle joie de se revoir !

1 Pliez en deux.

2 Marquez le pli au centre.

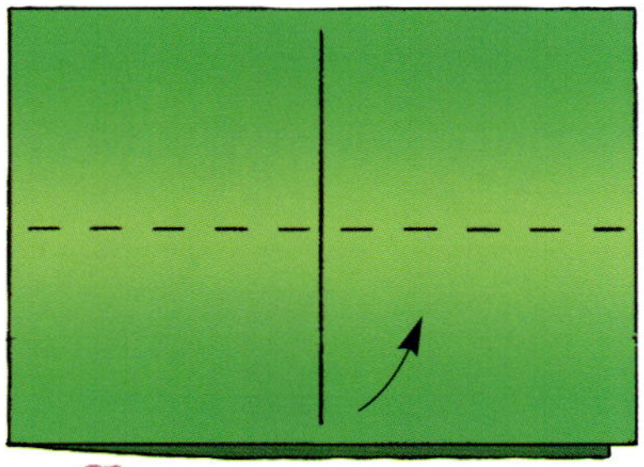

3 Repliez en deux.

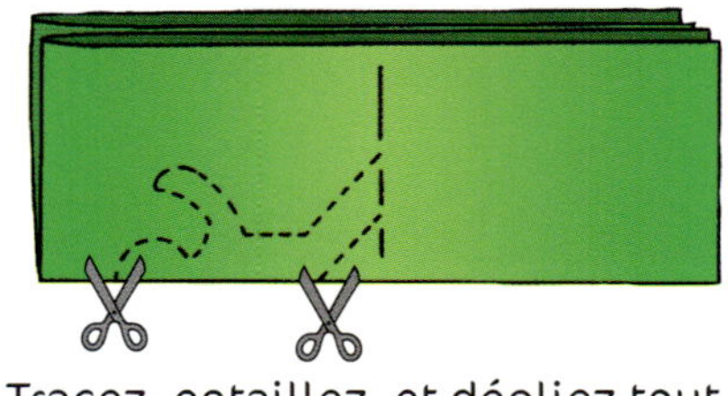

4 Tracez, entaillez, et dépliez tout.

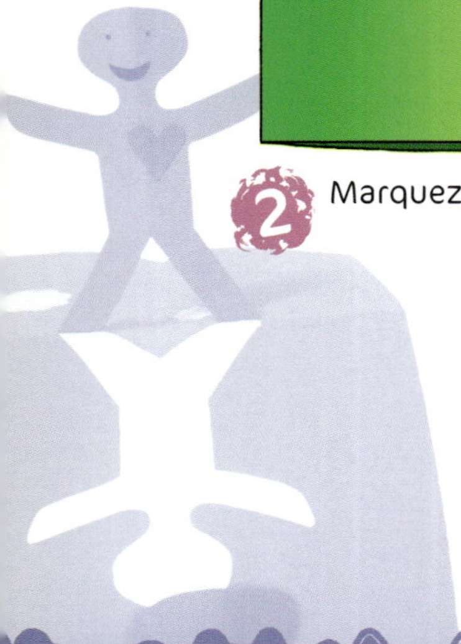

Il vous faut :

une feuille de 29,7 x 10 cm • un crayon • des ciseaux

5 Redressez les personnages en suivant les pointillés. Tenez la carte de chaque côté, rapprochez et écartez les mains l'une de l'autre pour animer la carte !

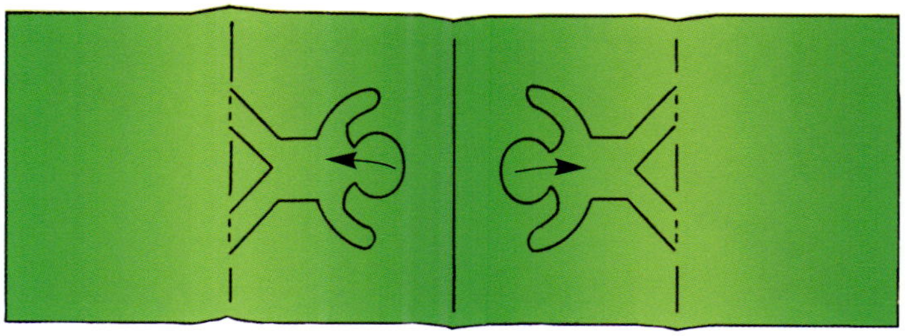

Bonne fête papa !

carte de vœux

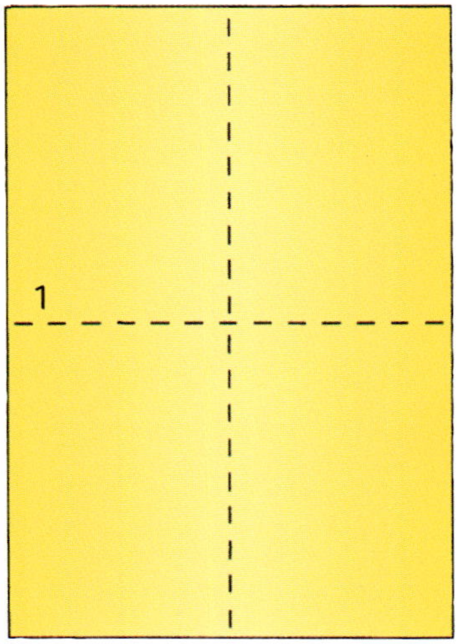

1 Pliez en quatre en commençant par le pli 1. Dépliez une fois.

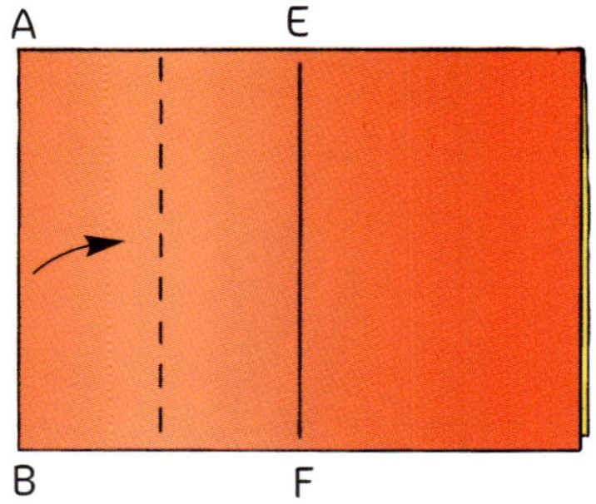

2 Rabattez AB sur EF.

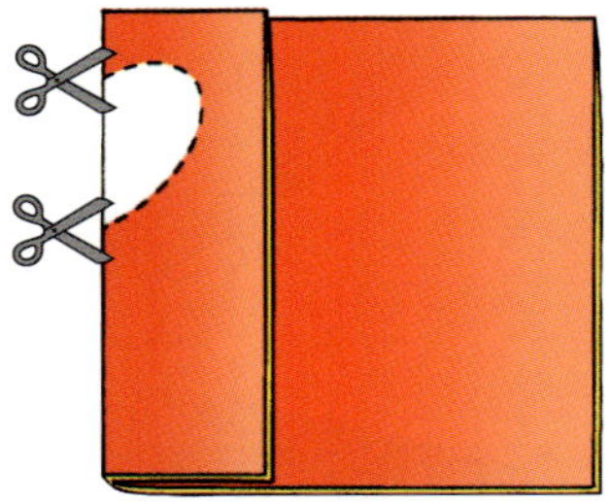

3 Tracez (patron p. 119), découpez. Dépliez tout.

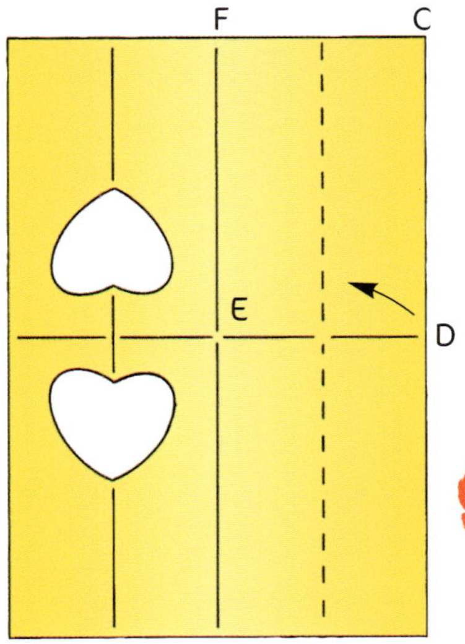

4 Rabattez CD sur EF.

Il vous faut :
une feuille bicolore recto verso de 21 x 29,7 cm • un crayon • des ciseaux • des feutres • des gommettes

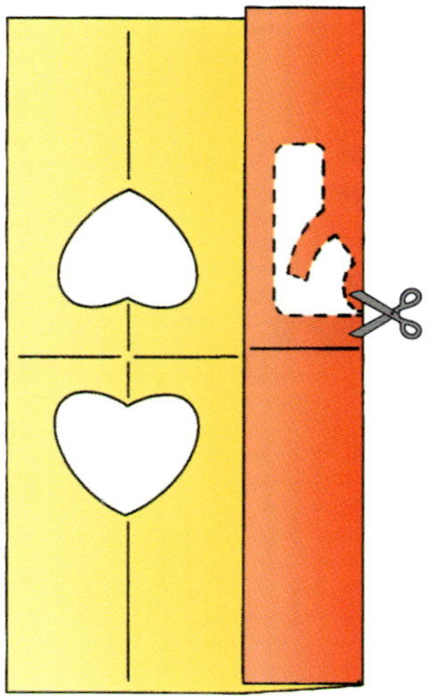

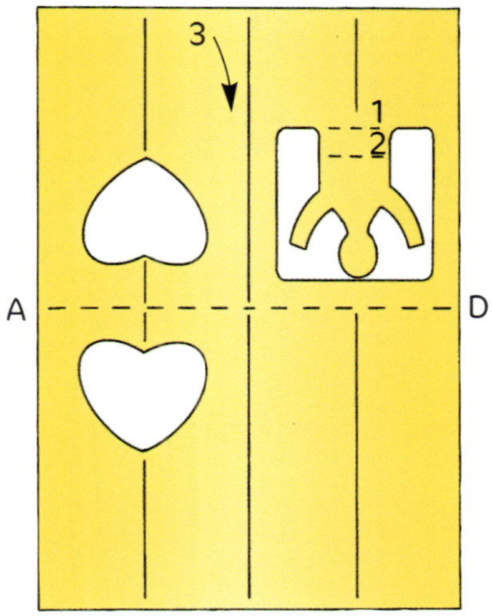

5 Tracez (patron p. 118), découpez. Dépliez.

6 Pliez sur les pointillés 1. Rabattez le personnage sur le pli 2. Pliez sur AD.

Dessinez la tête du personnage (ou mettez la photo de l'enfant) et écrivez votre message.

Bonne fête maman !

Carte de vœux

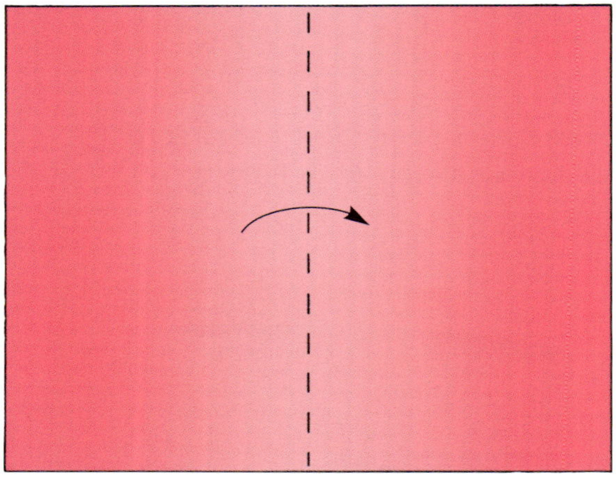

1 Pliez en deux.

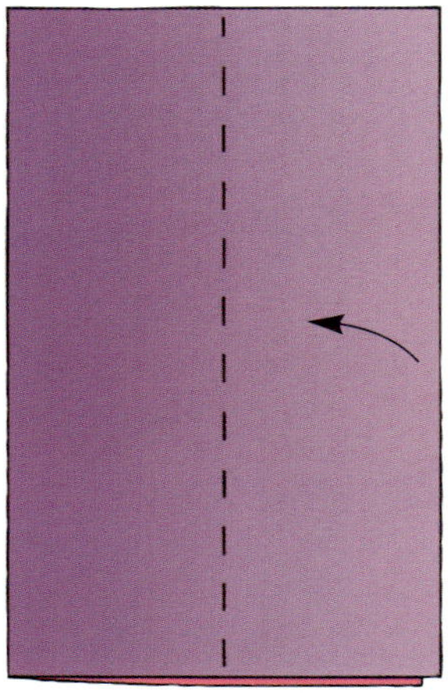

2 Pliez une épaisseur en deux...

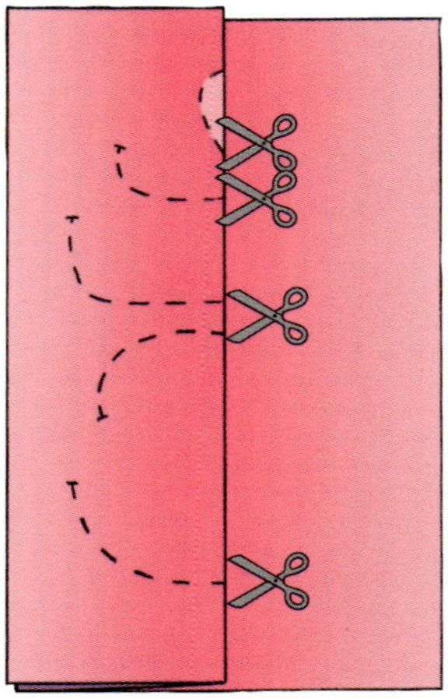

3 Tracez les traits de coupe (patron p.117). Entaillez sur les traits, puis dépliez.

Il vous faut :
une feuille bicolore recto verso de 21 x 15 cm • un crayon • des ciseaux

4 Pliez les découpes sur les pointillés. ATTENTION : les plis sont symétriques par rapport à EF !

L'ANGE

DÉCORATION DE NOËL

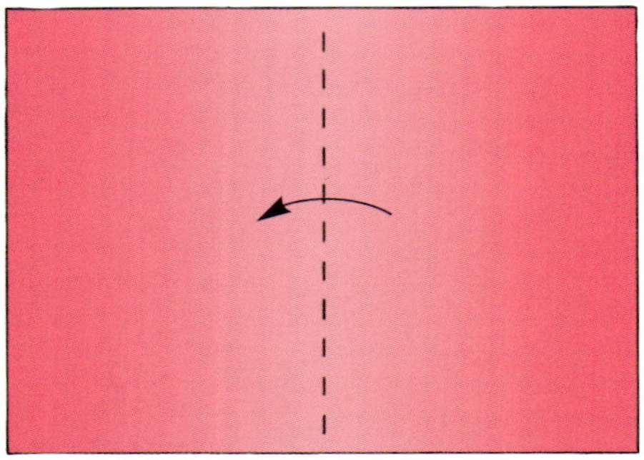

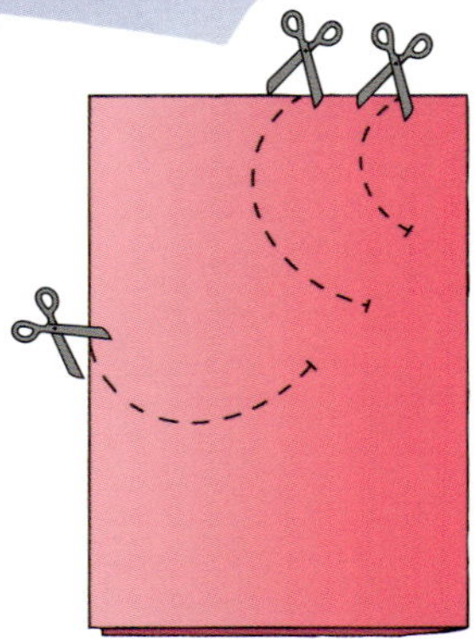

1 Pliez en deux.

2 Tracez les traits de coupe.
Découpez sur les traits. Dépliez.

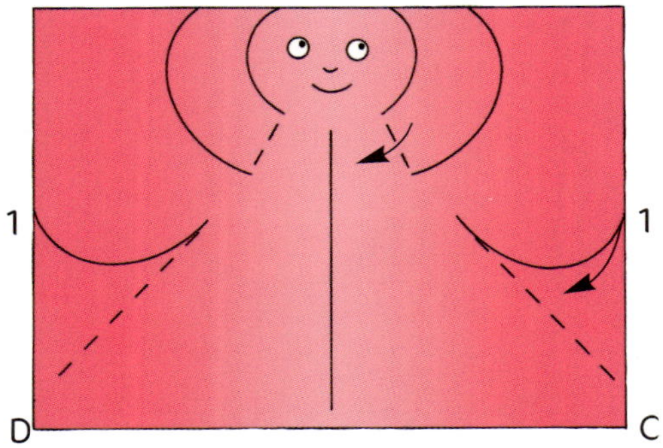

3 Dessinez le visage de l'ange, rabattez les bras vers l'avant, puis rabattez les points 1 vers DC.

4 Pincez le pli central vers l'arrière. Décorez l'ange avec les gommettes et les feutres.

IL VOUS FAUT :

une feuille de 10,5 x 15 cm • un crayon • des ciseaux • des feutres • des gommettes rondes: six petites jaunes (pour les cheveux), deux petites blanches (pour les yeux), trois grandes, une petite gommette lune (pour la bouche)

Le soleil

Décoration de Noël

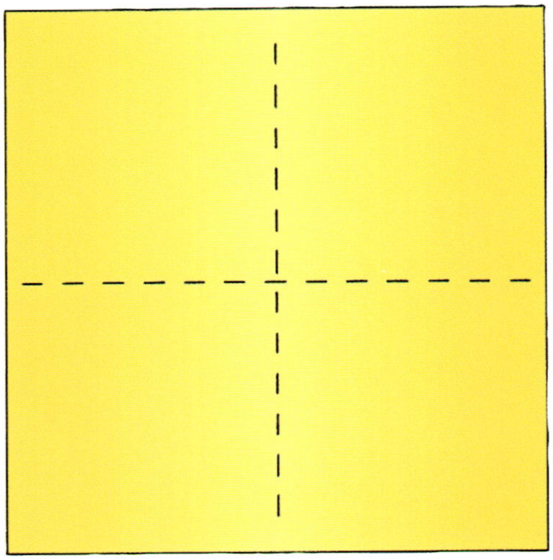

1 Pliez en quatre.

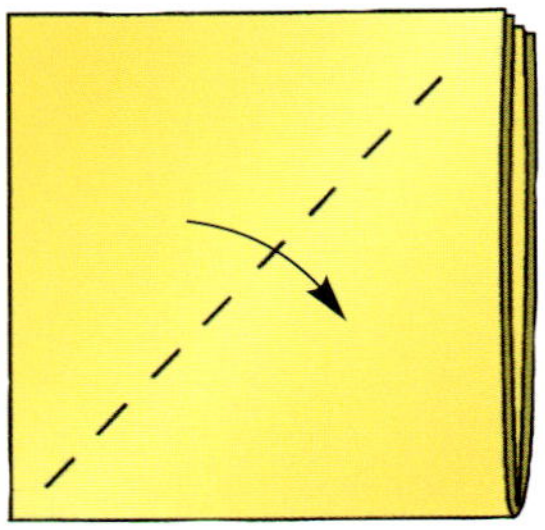

2 Posez votre pliage comme sur le dessin. Pliez sur la diagonale.

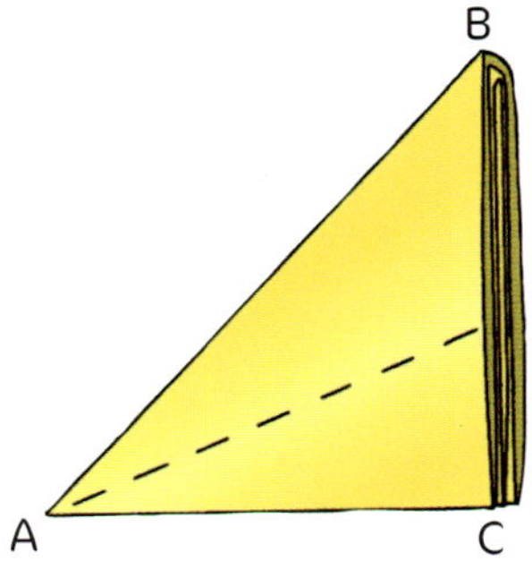

3 Rabattez le petit côté sur le grand.

4 Dessinez le trait de coupe (patron p. 112). Entaillez sur les traits puis dépliez tout.

Il vous faut :

une feuille de 21 x 21 cm • un crayon • des ciseaux

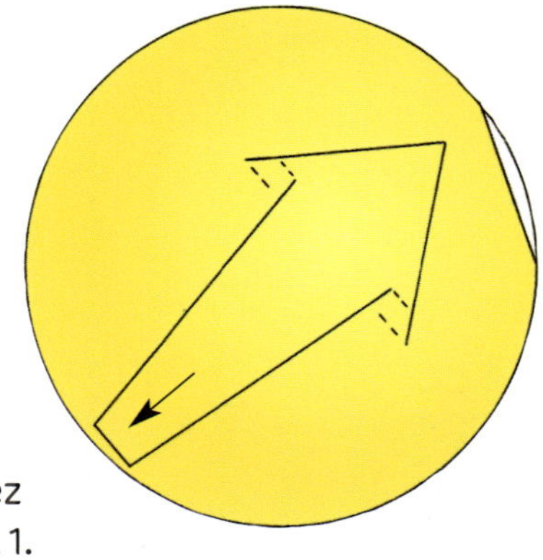

5 Pliez les flèches en suivant le schéma. Pliez vers le centre sur le pli 1.
Rabattez les pointes vers l'extérieur sur les plis 2.
Cachez la queue des flèches sous le centre C.

L'ÉTOILE

DÉCORATION DE NOËL

1 Pliez en quatre sur les diagonales.

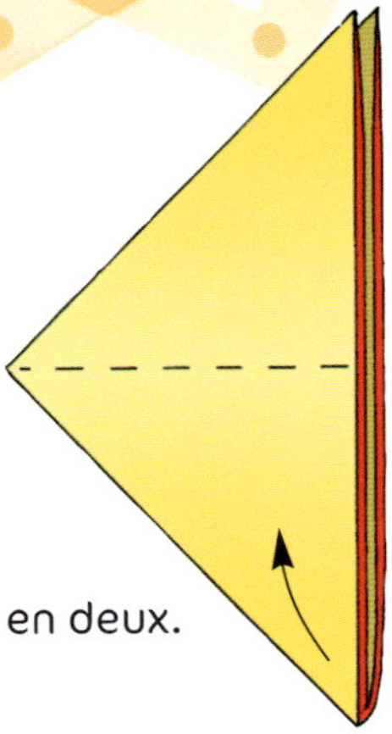

2 Repliez en deux.

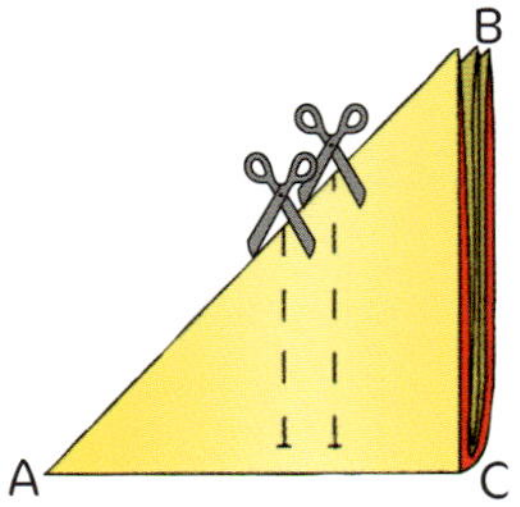

3 Tracez deux traits de coupe en partant de AC parallèles à BC. ATTENTION : entaillez ces traits sur AB et découpez-les jusqu'à 0,5 cm de AC. Dépliez tout.

4 Glissez les coins sous les découpes en allant vers le centre et aplatissez.

IL VOUS FAUT :

une feuille bicolore recto verso de 21 x 21 cm • un crayon • des ciseaux • des petites gommettes rondes : huit jaunes et huit rouges

5 Rabattez sur les tirets, sous les découpes pour former les pointes. Retournez.

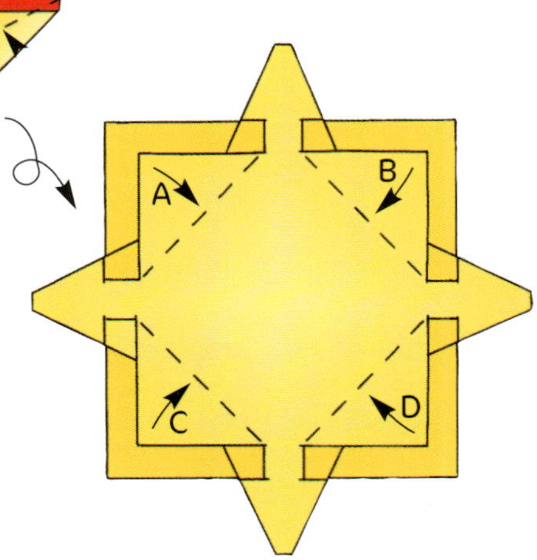

6 Rabattez les angles A, B, C, D vers le centre. Collez vos gommettes. L'étoile est terminée !

Le message de noël

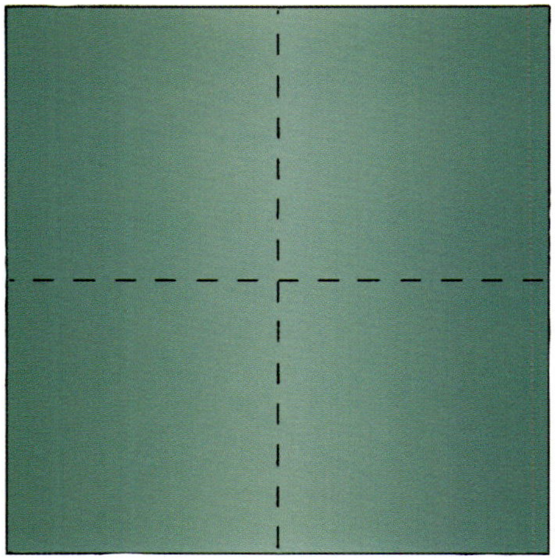

1 Pliez en quatre puis dépliez une fois.

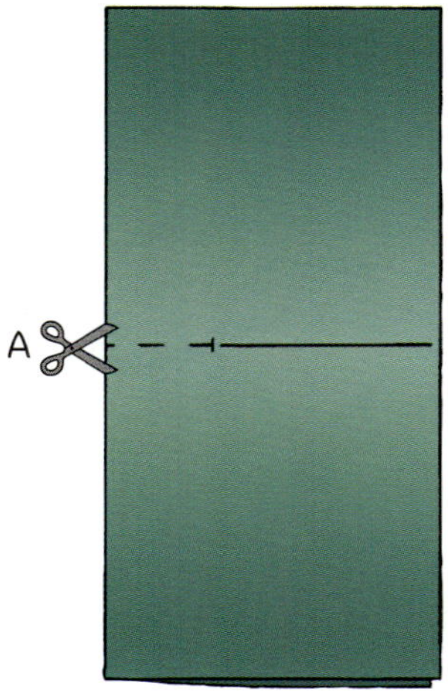

2 Entaillez sur 4 cm puis pliez en deux.

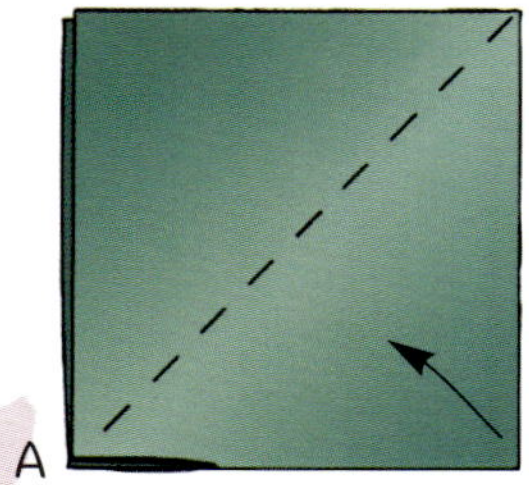

3 Pliez sur la diagonale de l'angle A.

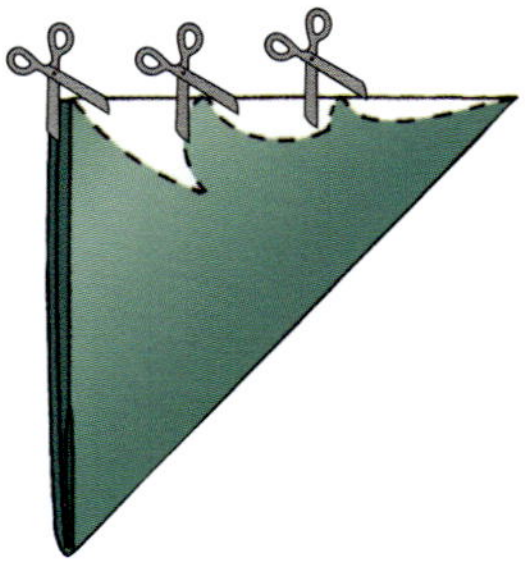

4 Tracez le trait de coupe (patron p. 123). Découpez dessus. Dépliez une fois.

Il vous faut :

une feuille verte de 21 x 21 cm • un crayon • des ciseaux • des gommettes

5 Décorez avec les gommettes. Rabattez une pointe de l'angle A sur la diagonale puis retournez. Décorez. Rabattez une pointe de l'angle A sur la diagonale.

Le sapin est prêt à être posé, écrivez votre message de Noël à l'intérieur !

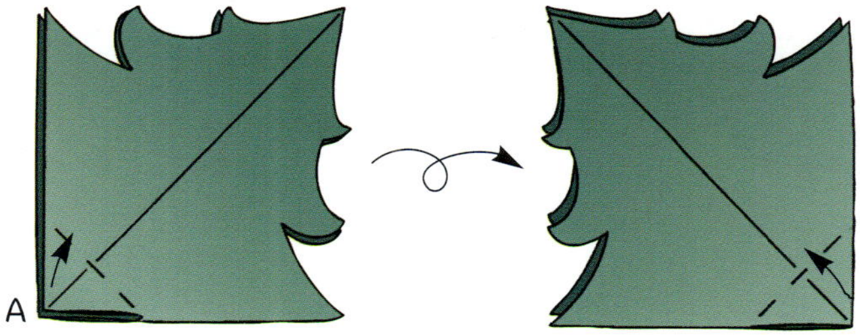

Patrons

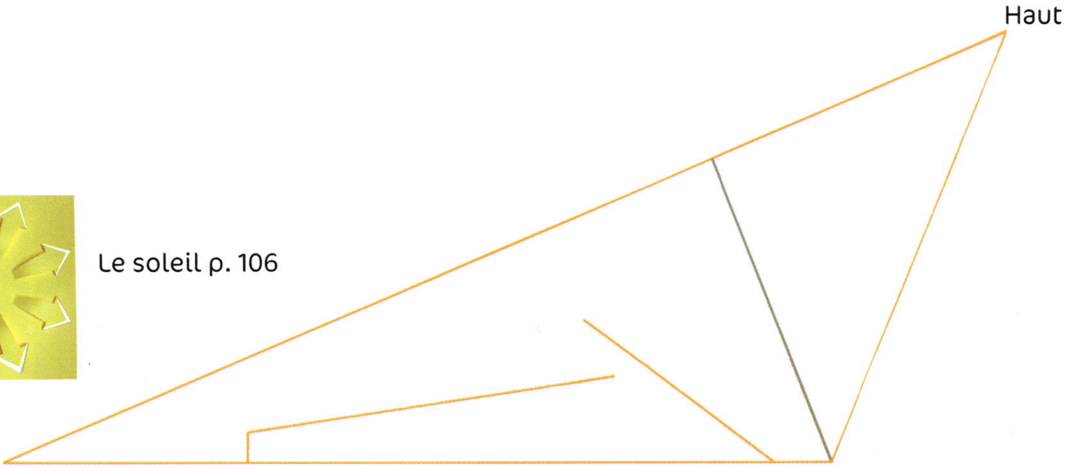

Le soleil p. 106

La boîte à angles cœurs p. 72

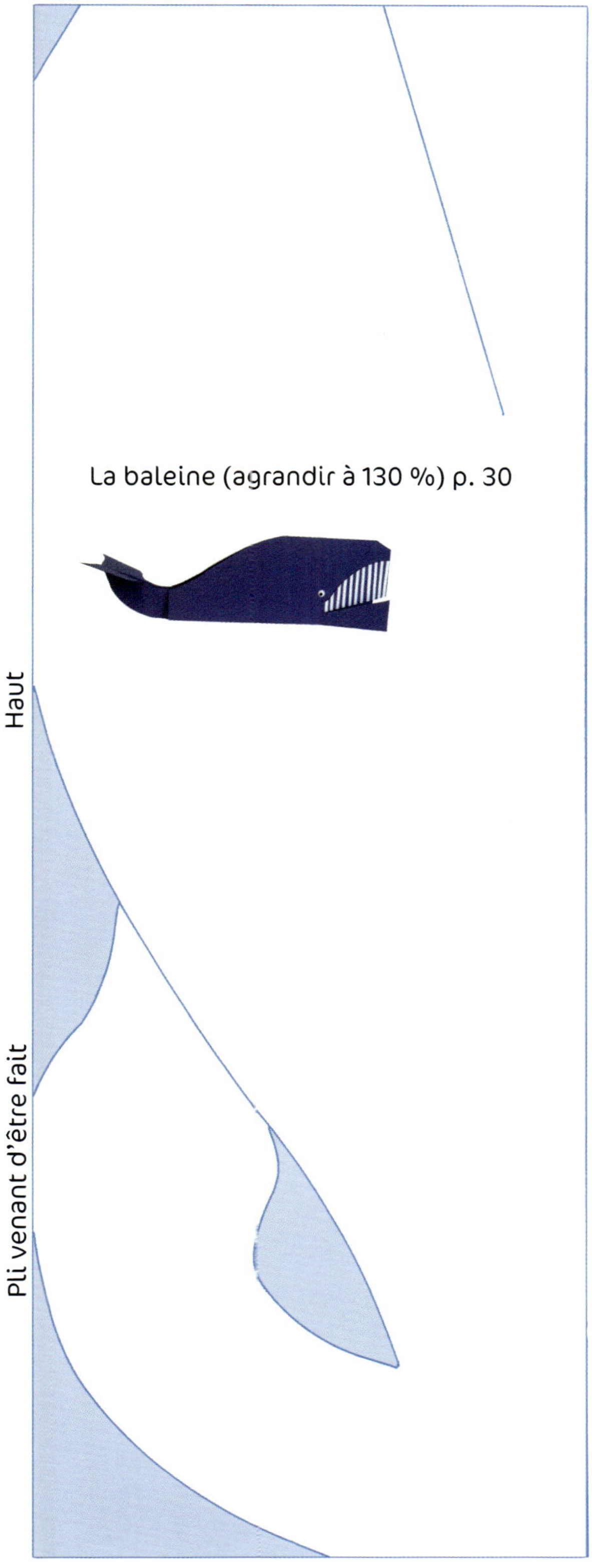

La baleine (agrandir à 130 %) p. 30

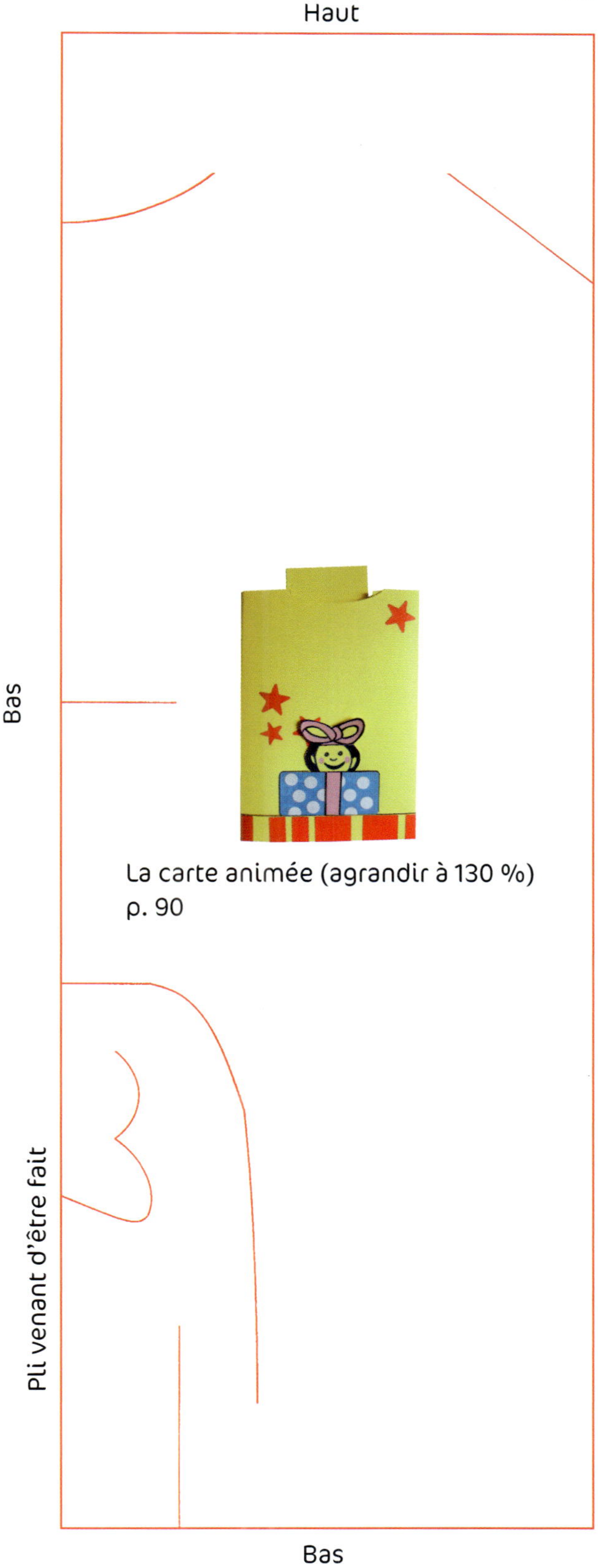

La carte animée (agrandir à 130 %) p. 90

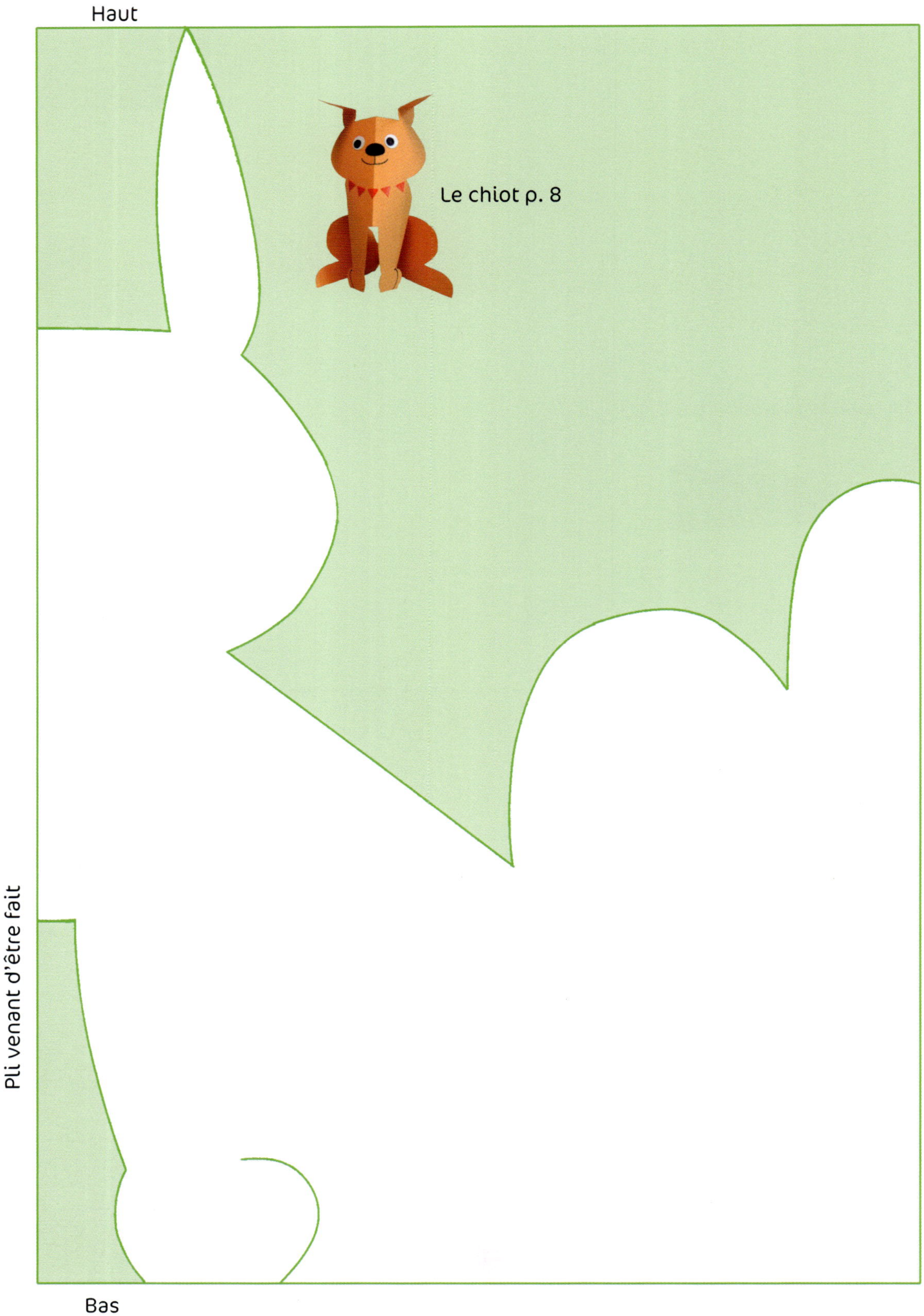
Haut
Le chiot p. 8
Pli venant d'être fait
Bas

La coccinelle p. 74

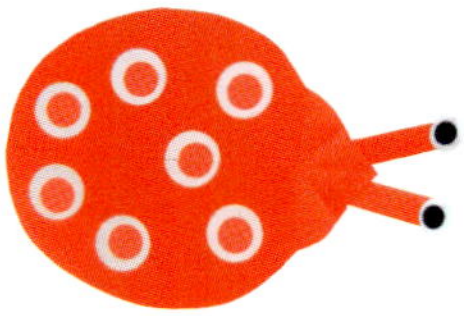

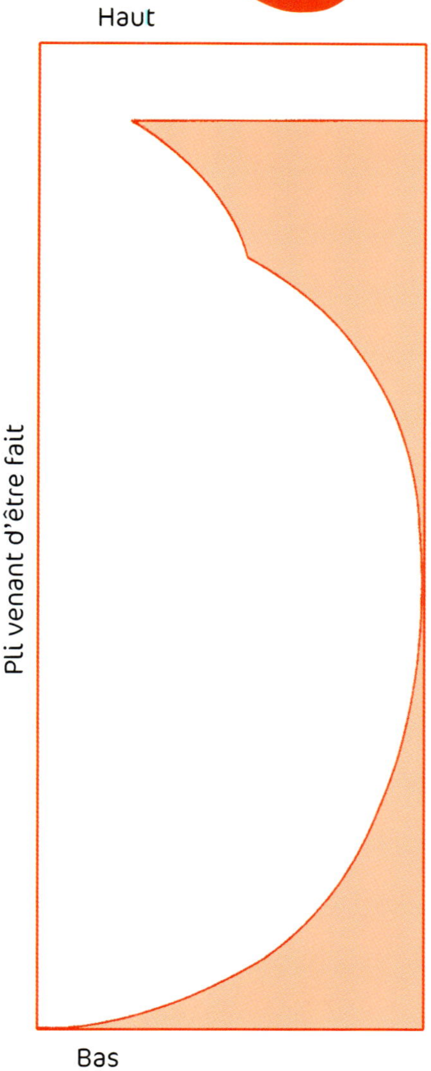

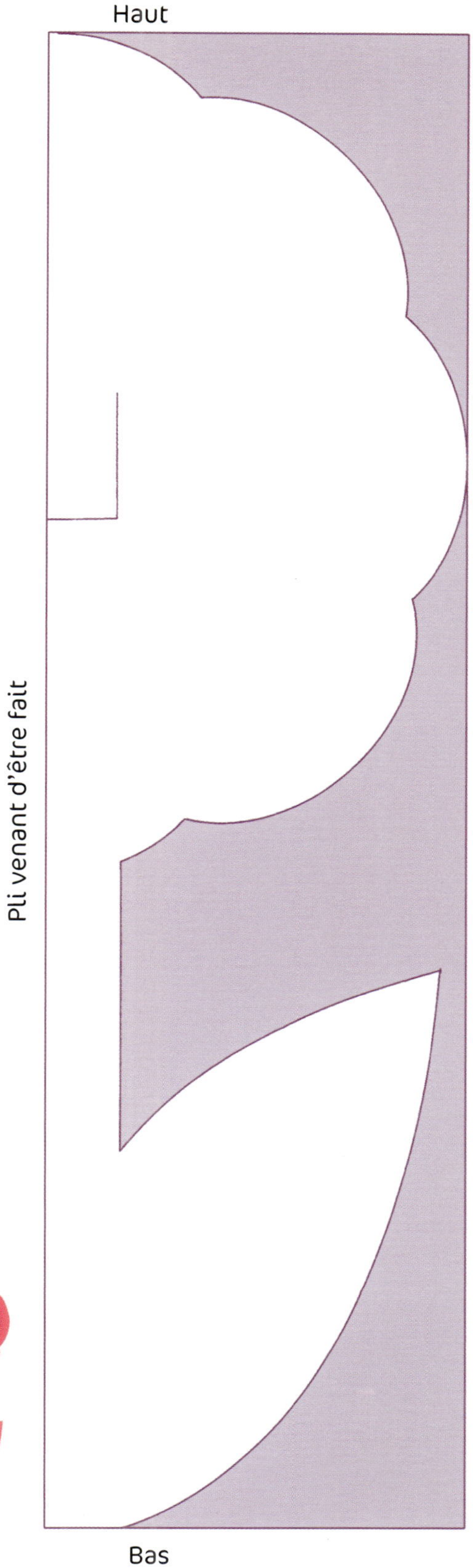

La fleur
(agrandir à 130 %)
p. 34

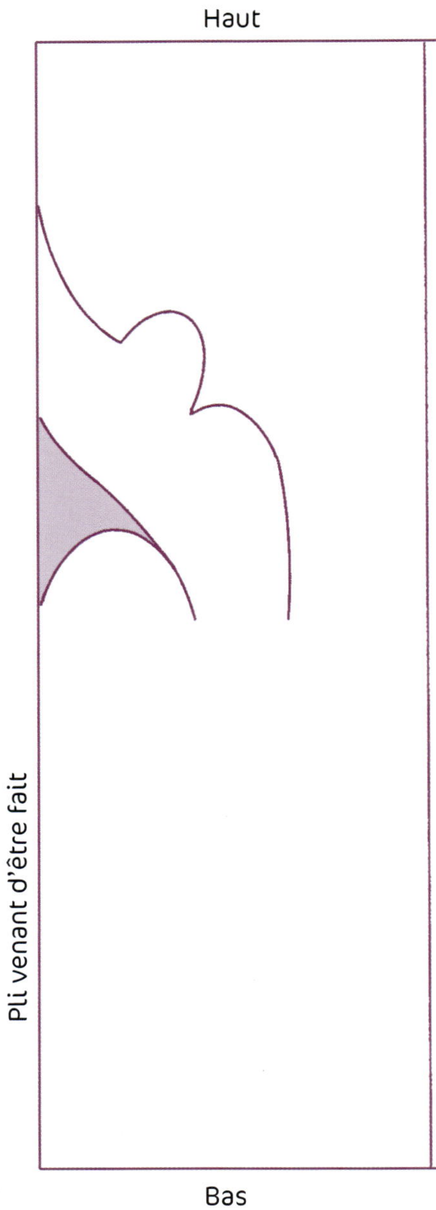

La carte cœur oriental p. 86

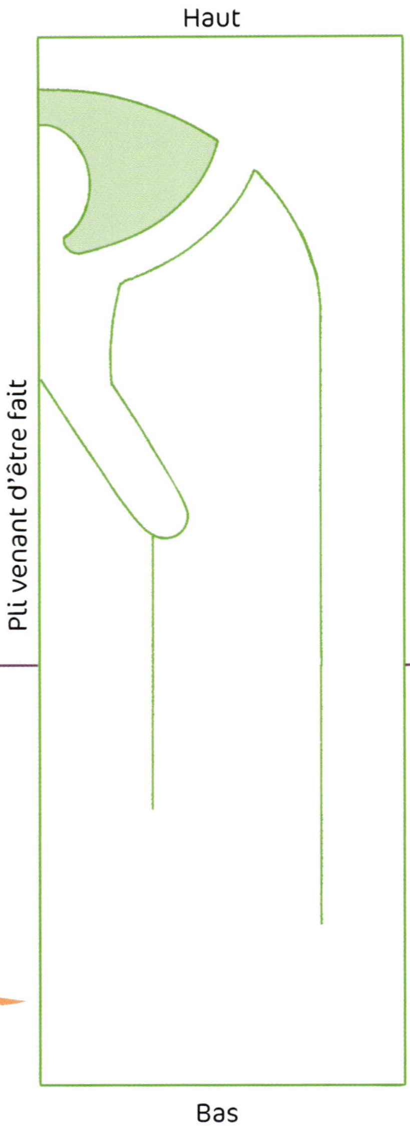

Le trapéziste p. 10

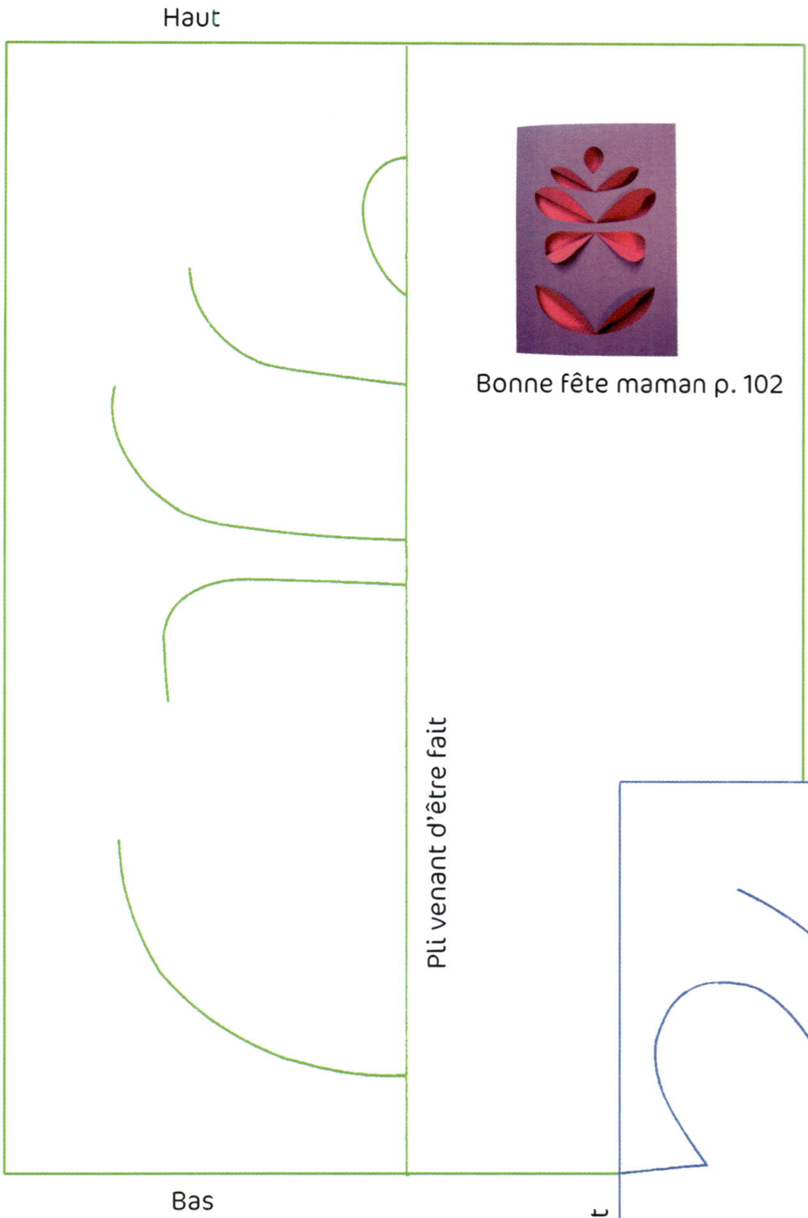

Bonne fête maman p. 102

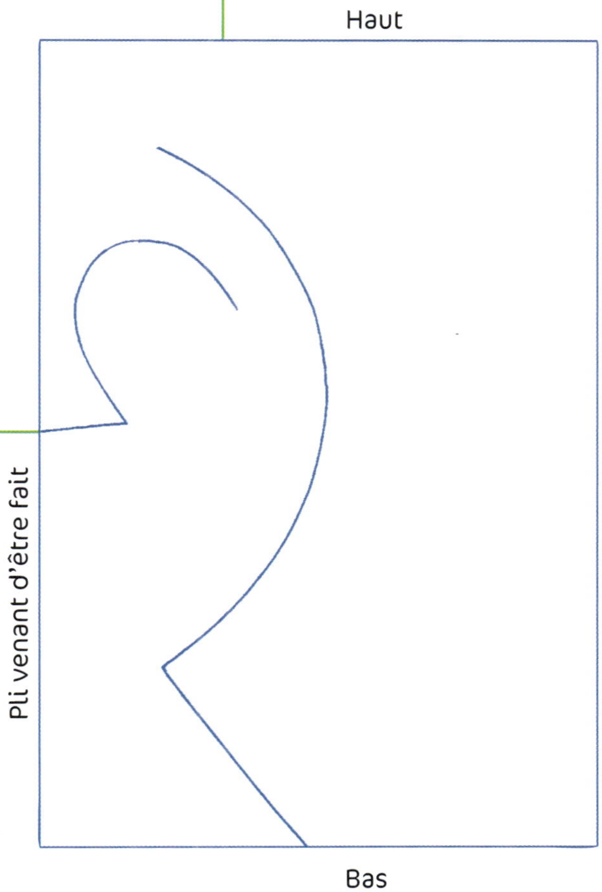

Le visage souriant p. 16

Haut

Bas

Pli venant d'être fait

Bonne fête papa
(agrandir à 130 %)
p. 101

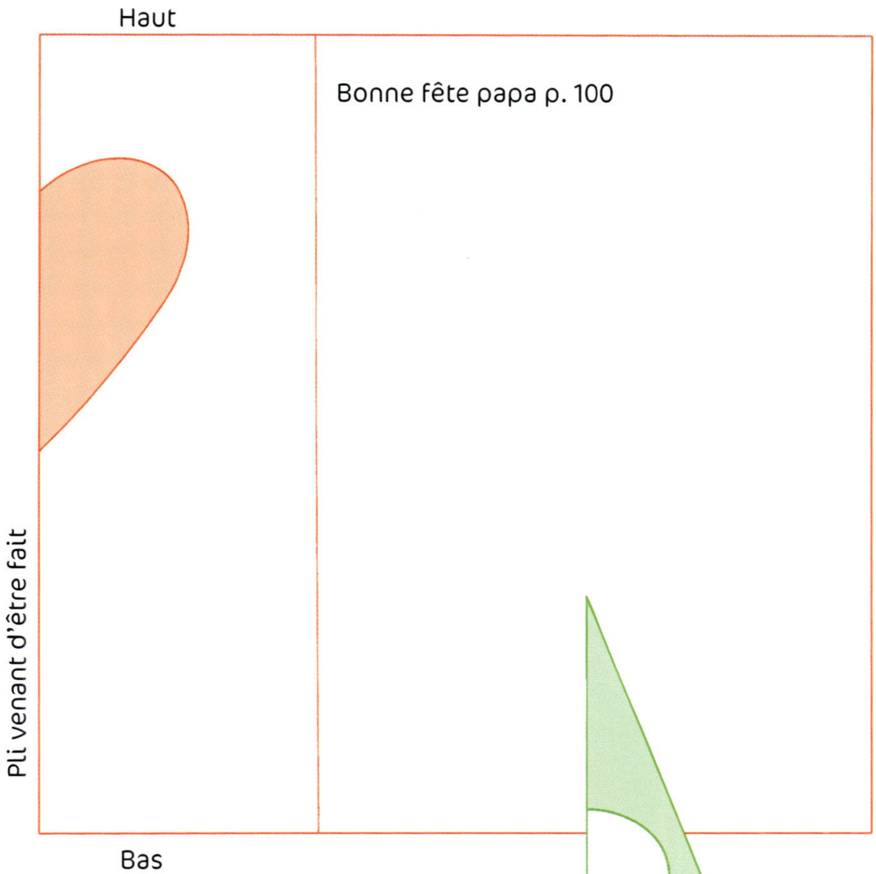

Bonne fête papa p. 100

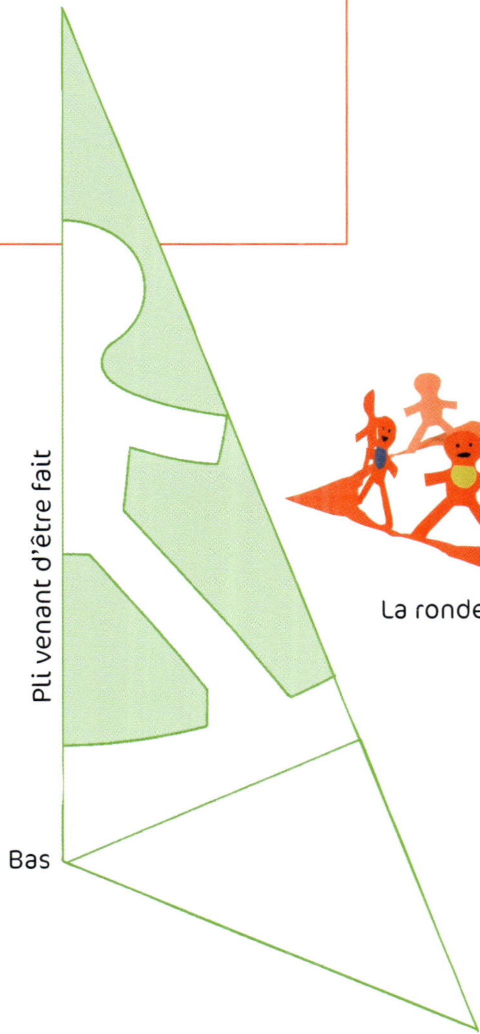

La ronde p. 70

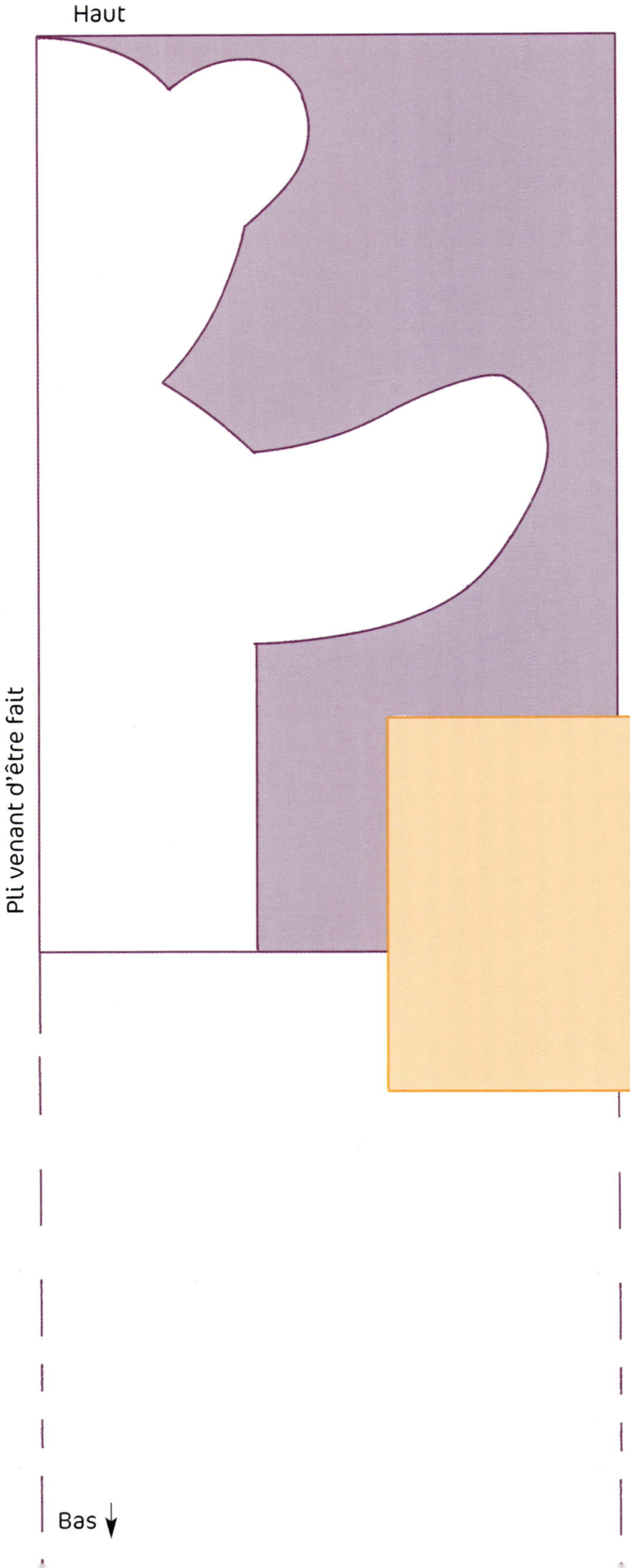

La marionnette nounours (agrandir à 120 %) p. 32

La princesse aux fleurs p. 57

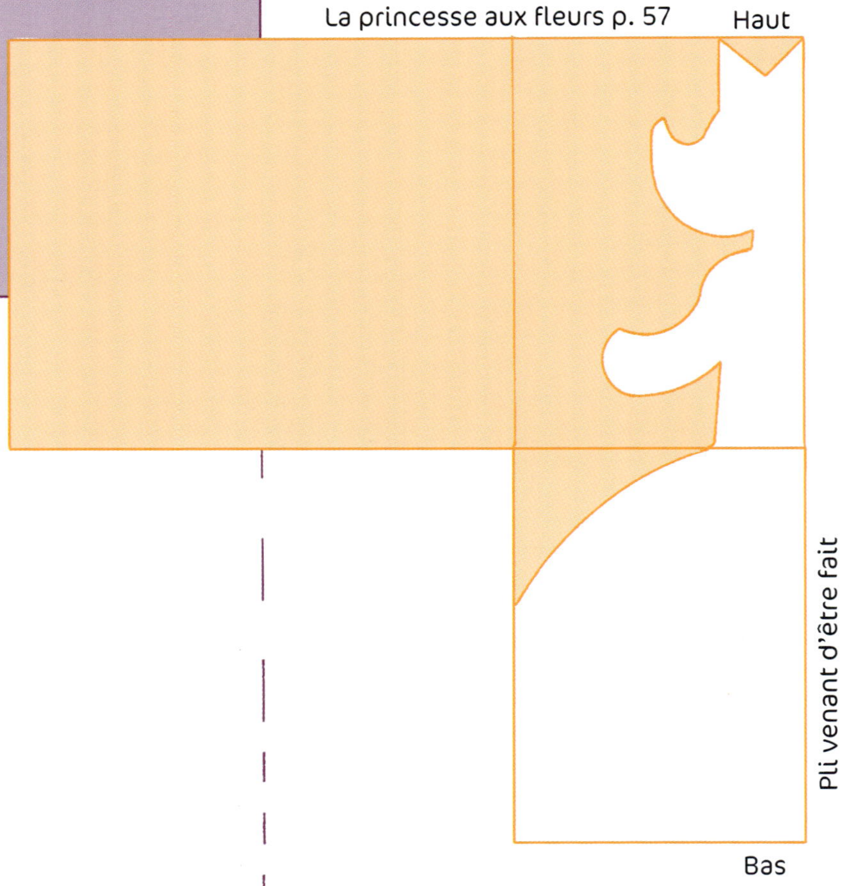

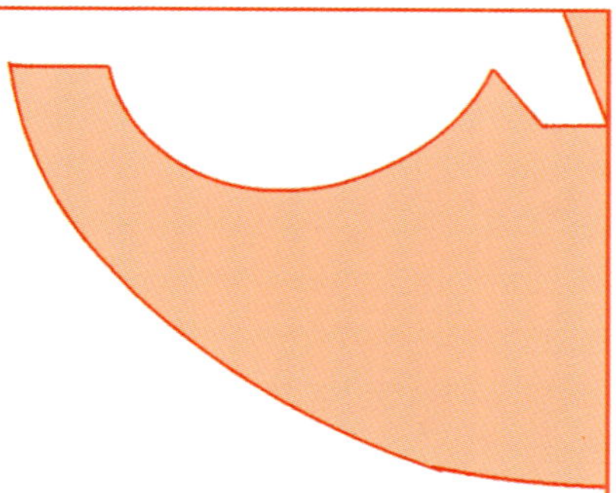

La carte poissons à bulles
(agrandir à 108 %) p. 80

La tulipe p. 96

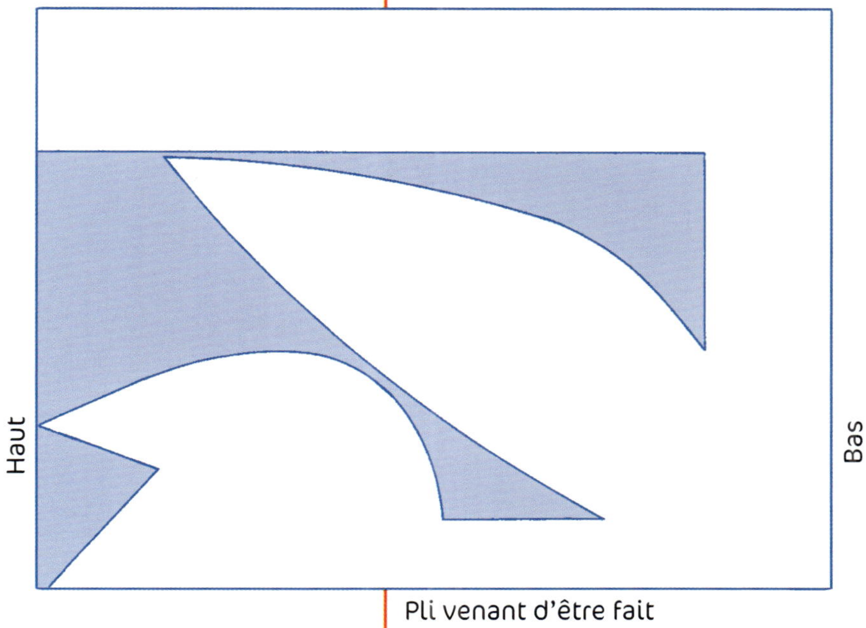

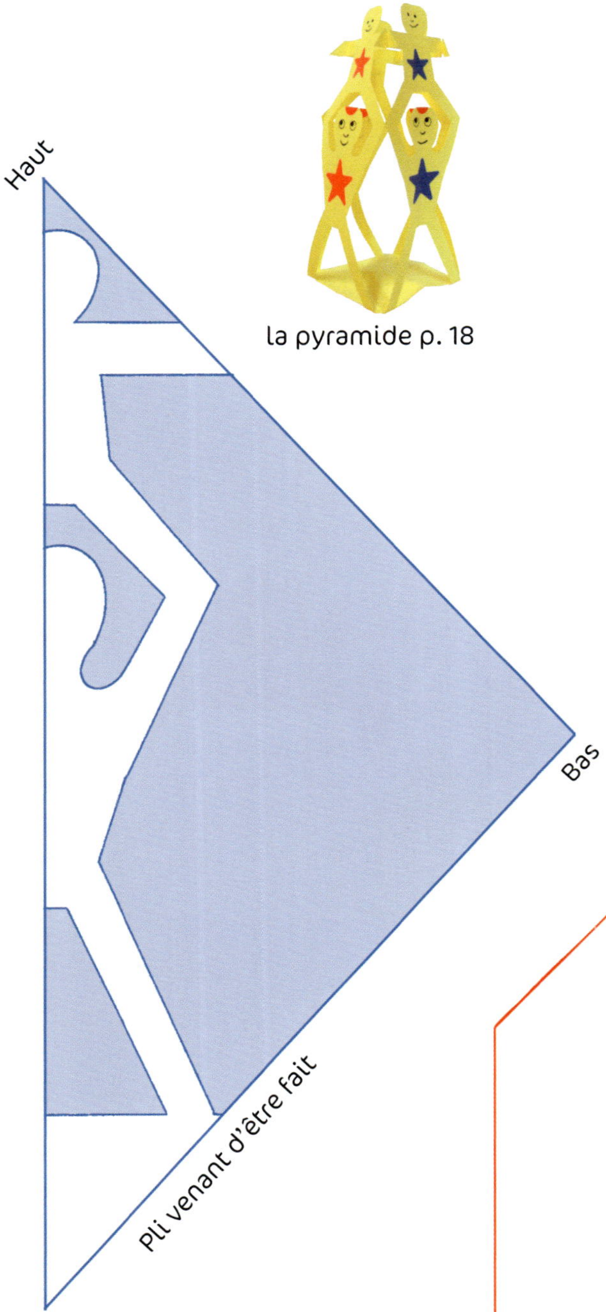

la pyramide p. 18

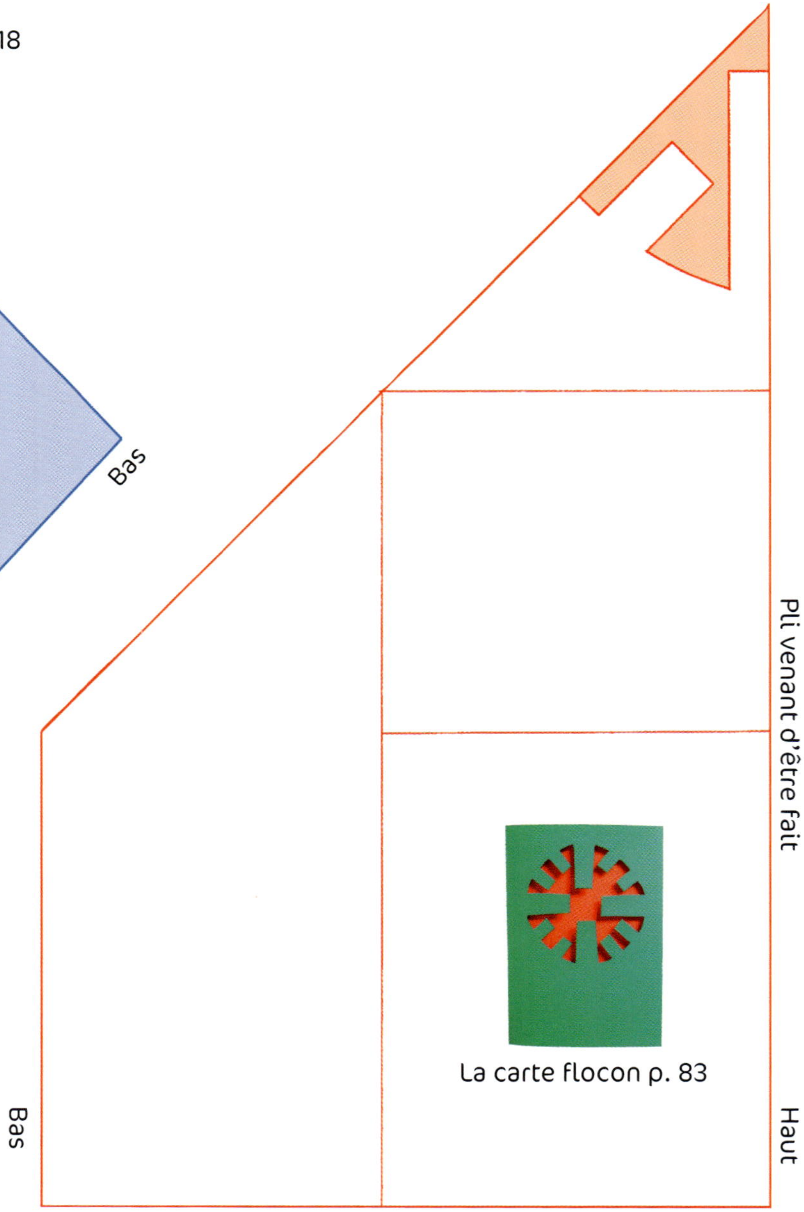

La carte flocon p. 83

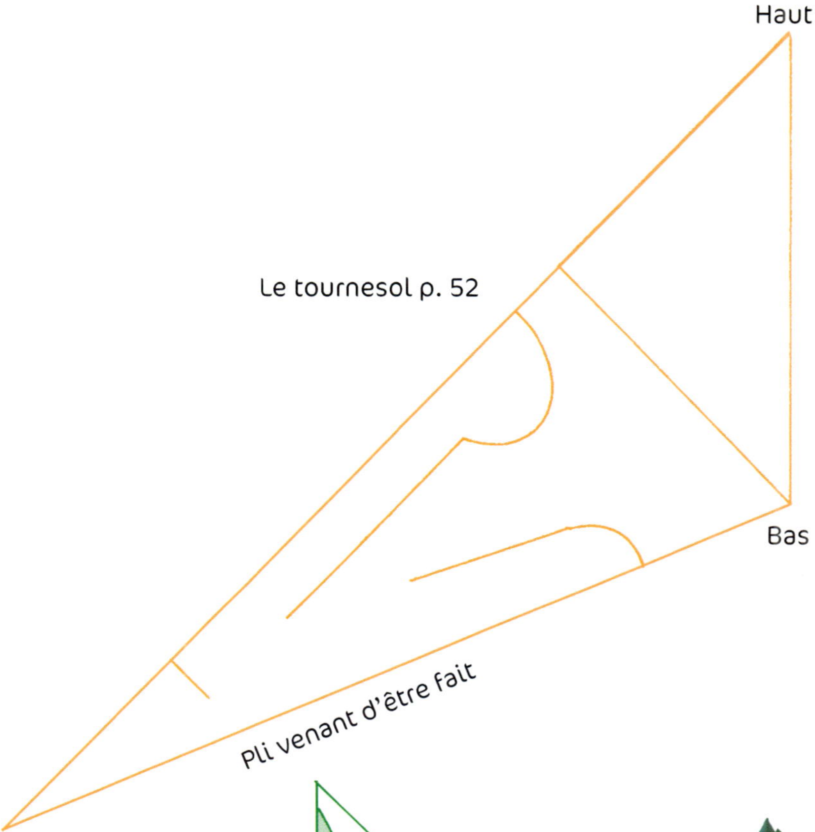

Le tournesol p. 52

Le message Noël p. 110

Vous trouverez d'autres pliages ou découpages chez Casterman :

Pliages faciles
M. Six, coll. Grands Livres

Premiers pliages
D. Boursin, coll. Fastoche

Pliages des petits
M. Six, coll. Fastoche

Pliages amusants
M. Six, coll. Fastoche

Pliez, découpez
A. Tamarkin, coll. Fastoche